Rosa-Maria Dallapiazza | Sandra Evans
Roland Fischer | Angela Kilimann
Anja Schümann | Maresa Winkler

# Ziel B2

## Deutsch als Fremdsprache

# Kursbuch

Band 2
Lektion 9–16
Niveau B2/2

Hueber Verlag

**Beraterteam:**
Ida Farkas, Ungarn
Gabriele Schweller, Deutschland
Andreas Werle, Österreich
und andere

5. 4. 3. | Die letzten Ziffern
2016 15 14 13 12 | bezeichnen Zahl und Jahr des Druckes.
Alle Drucke dieser Auflage können nebeneinander benutzt werden,
ne             benutzt werden.
1. Auflage
© 2009 Hueber Verlag, 85737 Ismaning, Deutschland
Layout: Marlene Kern, Mü
Druck: Himmer AG, Augsbu
Printed
ISBN 978-3-19-501674-2

# Inhalt

# Vorwort

## Liebe Lernerinnen und Lerner,

 ■ das **Lehrwerk** besteht aus **Kursbuch, Band 1/Lektion 1–8** und

 ■ **Kursbuch, Band 2/Lektion 9–16.**

 ■ Das **Kursbuch** enthält **acht Lektionen.** Jede Lektion hat 14 Seiten.

Eine Lektion beginnt immer mit einer **Einstiegsseite.**

Hier finden Sie das **Lektionsziel** sowie eine **Übersicht** über die einzelnen Lernziele und die Textsorten.

Mit den **Fotos** und den **Aufgaben** steigen Sie in das Thema einer Lektion ein.

 In den **Lektionsabschnitten A, B, C …** lernen Sie mit den verschiedenen Lese- und Höraufgaben sowie den Sprech- und Schreibanlässen Schritt für Schritt alles, was Sie zum Erreichen des Lektionsziels brauchen.

  ■ Die **Tracknummern** zeigen Ihnen, wo Sie die Hörtexte auf der **Audio-CD 1** oder **2** finden.

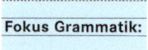 ■ Diese **Verweise** sind Ihr Wegweiser vom Kursbuch ins Arbeitsbuch. Sie sagen Ihnen, welche Übungen Sie an dieser Stelle machen können.

■ Eine Besonderheit des Kursbuchs sind die **Fokus-Grammatik-Seiten.**
Auf diesen werden wichtige Themen der Grammatik zusammengefasst und systematisiert.
Die Lösungen zu den Aufgaben finden Sie im Anhang.

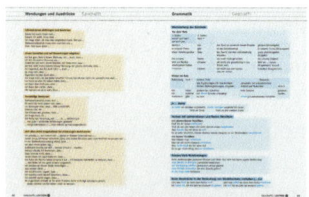 ■ Auf den beiden **Übersichtsseiten** werden die Grammatikinhalte sowie die Wendungen und Ausdrücke jeder Lektion übersichtlich zusammengefasst.

 ■ Die **Fotodoppelseiten** am Ende einer Lektion bieten Material zur freien Anwendung.
Aufgaben für kleine und größere Projekte finden Sie dazu im Internet: www.hueber.de/ziel.

■ Im **Arbeitsbuch** finden Sie zu jedem Thema des Kursbuchs das passende Angebot:

GRAMMATIK: Strukturen und Formen lernen, systematisieren und üben,

WORTSCHATZ: Wortnetze erweitern, festigen und üben,

PHONETIK: Satzbetonung und Satzmelodie üben,

SÄTZE BAUEN: und TEXTE BAUEN: Sätze und Texte mithilfe der Wendungen und Ausdrücke formulieren,

TEXTE LESEN: und PRÜFUNGSVORBEREITUNG: Fertigkeiten erweitern und vertiefen.

■ Auf der **Lerner-CD-ROM** zum Arbeitsbuch finden Sie Wortlisten, Grammatikdarstellungen und Portfolioaufgaben sowie die Hörtexte des Arbeitsbuchs.

■ Zu dem Kursbuch gibt es darüber hinaus noch umfangreiches Zusatzmaterial. Detaillierte Informationen finden Sie deshalb unter www.hueber.de.

Mit Ziel B2 kommen Sie sicher an Ihr Ziel!

Ihr Autorenteam

# 11 Versäumt

**Rat oder Hilfe suchen und anbieten**

**WORTNETZE** Probleme | Verträge | Reisen

**GRAMMATIK** Adjektive mit Präpositionen | Wortbildung: aus drei Nomen; Nomen, Verb | *damit* (Adverb) | *selbst/selber* | Konjunktiv II Vergangenheit, mit Modalverb | Modalverb als Vollverb

**WENDUNGEN UND AUSDRÜCKE** Problemsituation darstellen | um Hilfe bitten | Ratschläge geben | auf Ratschläge reagieren | etwas im Nachinein bewerten

# 12 Geschafft

**Vereinbarungen treffen**

**WORTNETZE** Abschlüsse/Zeugnisse | Lebenslauf | Arbeitswelt | Beruf

**GRAMMATIK** *je ..., desto/(umso) ...* | Verben mit abtrennbaren Vorsilben | Verben mit festen Vorsilben | Nomen-Verb-Verbindungen | Wortstellung: Vorfeldbesetzung | Wortstellung: hinten im Satz

**WENDUNGEN UND AUSDRÜCKE** Informationen einbringen und bewerten | etwas bewerten und auf Bewertungen eingehen | Aussagen zum eigenen Lebenslauf machen | Lebenslauf schreiben | Vorschläge bewerten | sich über nicht eingehaltene Vereinbarungen beschweren

+++ Kompromisse aushandeln +++ Kompromisse aushandeln +++ Kompromisse aushandeln +++ Kompromisse aushandeln +++ Kompromi
ompromisse aushandeln +++ **Kompromisse aushandeln** +++ Kompromisse aushandeln +++ Kompromisse aushandeln
+++ Kompromisse aushandeln +++ Kompromisse aushandeln +++ Kompromisse aushandeln +++ Kompromisse aushandeln +++ Kompromi

# Überzeugt?

**9**

**A**

**B**

**C**

**D**

**E**

| 1 | Gibt es Dinge, von denen Sie felsenfest überzeugt sind? |
|---|---|
| 2 | Was könnten die Fotos mit dem Thema zu tun haben? |

**Lernziel: Kompromisse aushandeln**

→ Lösungen aushandeln
→ Kompromisse finden
→ Probleme darlegen, sich beschweren
→ einen familiären oder beruflichen Interessenkonflikt lösen
→ sich über ein Problem beschweren
→ in Fachtexten die Hauptpunkte verstehen (Alltag / Beruf)
→ Stellungnahmen formulieren

**Textsorten**

Karikatur ■ Ausreden ■ Zeitungsartikel ■
Gespräche ■ Beschwerdebrief ■
Produktwerbung ■ Erzählung ■
Definition ■ Postings ■ Telefongespräch ■

## Überrascht oder überzeugt?

**A** **a** Sehen Sie sich den Ausschnitt
aus einer österreichischen Karikatur an.
Was könnten die abgebildeten Personen
sehen? Welche Vorurteile verbinden
sie wohl mit „Österreichern"?
Was glauben Sie?

**b** Sehen Sie sich die ganze Zeichnung
auf Seite 125 an. Hat Sie das Bild überrascht
oder bestätigt es die „Vorurteile" in a?

**c** Was würden Sie zeichnen, wenn
sich die Karikatur auf Deutsche
oder Schweizer beziehen würde?
Sammeln Sie Ihre Ideen im Kurs.
Vergleichen Sie dann mit den
Zeichnungen auf Seite 143.

## Schwarzfahren ist unfair

LESEN
HÖREN
SPRECHEN
SCHREIBEN

**B1** „101 Ausreden, die nichts nützen"

**a** Lesen Sie einige der „101 Ausreden, die nichts nützen".
In welchen Verkehrsmitteln könnten Sie diese Ausreden hören? Sprechen Sie im Kurs.

- [ ] Mein Bruder hat den Fahrschein, aber er ist im anderen Waggon.
- [ ] Ich habe den Fahrkartenautomaten nicht gefunden.
- [ ] Ich hab' geglaubt, heute ist Freifahrt.
- [ ] Hören Sie mal, das war heut' sowieso schon der mieseste Tag meines Lebens,
  und da wollen Sie auch noch einen Fahrschein von mir, das ist doch nicht Ihr Ernst!
- [ ] Kontrollieren Sie doch bitte zuerst die anderen, bis ich ihn gefunden habe.
- [ ] Sie müssen mir einfach glauben, dass ich einen Fahrschein habe.
- [ ] Ich wollte nur den Waggon besichtigen.
- [ ] Ich hab' heute schon einmal gezahlt.
- [ ] Gestern bin ich auch schwarzgefahren. Und da hat kein Mensch was gesagt.
- [ ] Aber heute ist doch mein Geburtstag.
- [ ] Ich habe keine Zeit, ich muss gleich aussteigen. Können Sie mir mit meinem Gepäck helfen?
- [ ] Da, wo ich herkomme, muss ich nie zahlen. Wissen Sie eigentlich, wer ich bin?
- [ ] Ich bin gerade am Einschlafen, können Sie nicht später zurückkommen?

**am Einschlafen sein**
GRAMMATIK 4–6

AB 1–6

**b** Welche Ausreden könnten vielleicht helfen?
Mit welchen würden Sie es versuchen? Wählen Sie drei aus.
Vergleichen Sie Ihre Auswahl zu zweit.

WORTSCHATZ 1–3

**B2 a** Sammeln Sie Gedanken, Informationen und Assoziationen zum Thema *Schwarzfahren* im Kurs.
Die folgenden Fragen helfen Ihnen dabei.

**Wer fährt schwarz?**     **Warum fährt man schwarz?**

**Ist Schwarzfahren ein Sport?**  **SCHWARZFAHREN** **Warum wehren sich die Unternehmen dagegen?**

**Welche Lösungen sehen Sie?**     **Wie bewerten Sie Schwarzfahren?**

**b** Betrachten Sie noch einmal Ihre Ergebnisse in a.
Welche Argumente gegen das Schwarzfahren finden Sie? Sprechen Sie.

○ 1.2

**B3 a** Hören Sie einen Dialog zwischen Schaffner und Fahrgast und
entscheiden Sie zu zweit.

1 Was ist das Problem?
2 Wer von den beiden setzt sich letztlich durch? Der Schaffner. ⬚  Der Fahrgast. ⬚  Beide. ⬚

○ 1.2

**b** Hören Sie den Dialog noch einmal. Wer sagt was?
Ordnen Sie die folgenden Wendungen und Ausdrücke zu: S für Schaffner; F für Fahrgast.

Da könnte ja jeder kommen. ⬚ ■ Oh Mann, das gibt's doch nicht! ⬚ ■ Ist schon okay. ⬚ ■
Warum gehen Sie nicht …? ⬚ ■ Wenn's sein muss. ⬚ ■ Kann man wohl nicht ändern. ⬚ ■
Das geht wirklich nicht. ⬚ ■ Ich kann's nicht fassen! ⬚ ■ Ja gut, von mir aus. ⬚ ■
Danke für Ihr Verständnis. ⬚ ■ Ich hätte einen anderen Vorschlag. ⬚ ■
…, da kann ich keine Ausnahme machen. ⬚

**B4** Entwerfen Sie nun zu zweit eine Szene zwischen Schaffner/in und Schwarzfahrer/in.

1 Überlegen Sie, in welchem Verkehrsmittel und in welcher Situation der Kontrolleur
und der Schwarzfahrer aufeinandertreffen (falsche/keine Fahrkarte auf dem Schiff o. Ä.).
2 Sammeln Sie nun die Argumente, die zur Rolle des Kontrolleurs (siehe B2) oder zur Rolle des
Schwarzfahrers passen (siehe B1). Machen Sie sich Notizen.
3 Wählen Sie in B3b und unten die Wendungen und Ausdrücke aus, die zu den Rollen passen.
4 Schreiben Sie nun gemeinsam den Dialog.
5 Spielen Sie Ihre Szene vor.

Ja, Sie haben ja recht, aber … ■ Ich kann ja verstehen, dass …, aber … ■
Könnten Sie nicht …? ■ Weil das nämlich so ist, dass … ■ Ich weiß wirklich
nicht, was Sie wollen … ■ Und was ich noch sagen wollte: … ■
Da gibt es einfach Vorschriften … ■ Die Sache ist die: … ■ Finden Sie das
jetzt wirklich in Ordnung, dass …? ■ Aber Sie wissen doch, dass … ■
Sie können (es) mir wirklich glauben, … ■ Wissen Sie, das Ganze ist einfach
ein Missverständnis: … ■

**Weil das nämlich …**
GRAMMATIK 7

AB 7–11 ▶

**W**

SÄTZE BAUEN 8–10
PHONETIK 11

# Fokus Grammatik: mittendrin in einer Handlung

1.3

**1** Lesen Sie und hören Sie die Gespräche und lösen Sie dann die folgende Aufgabe.

**A** Ihre Fahrkarte, bitte.

Sie sehen doch, ich **bin** gerade **am Einschlafen**, können Sie nicht in zwei Stunden wiederkommen?

**B** ● Hier, Michi möchte dich sprechen, es ist dringend.    ■ Ich **bin** gerade **am Backen**, ich ruf' gleich zurück.

**C** ● Sag mal, kannst du nicht mal den Abfluss reparieren?    ■ **Bin** doch **gerade dabei**, siehst du doch, oder?

**D** ● Kannst du nicht mal den Müll runterbringen?    ■ **Mach'** ich doch **gerade**.

**E** ● Wo er **ist**? Wohl **beim Joggen**. Wo sonst?

Was drücken die markierten Formen aus? Kreuzen Sie an.

a Jemand beginnt mit einer Tätigkeit. ☐    b Jemand beendet eine Tätigkeit. ☐    c Jemand ist mitten in einer Tätigkeit. ☐

**2** „Mittendrin in einer Handlung sein" („Verlaufsform") und seine Erscheinungsformen

**a** Man hat verschiedene Möglichkeiten, die „Verlaufsform" auszudrücken.
Lesen Sie nun die Texte A–H. Markieren Sie die Verlaufsformen wie im Beispiel.

1 *sein + am / beim + nominalisierter Infinitiv*

**A**
Hallo, liebe Leute, **bin** halb **am Verzweifeln**, weil mein Computer beim Installieren der neuen Software nur Fehlermeldungen bringt. Kann mir jemand helfen?

**B**
Wollen Sie saftiges Fleisch in Ihrer Geflügelsuppe, sollten Sie das Fleisch erst zugeben, wenn das Wasser am Kochen ist. Das heiße Wasser verschließt dann die Poren des Geflügels, so bleibt es schön zart.

**C**
Ich war gerade beim Gemüseschälen, als du angerufen hast, deshalb habe ich nicht abgehoben.

2 *gerade* und andere Ausdrücke wie *im Augenblick, im Moment*

**D**
Durch eine verhängnisvolle Kettenreaktion ist am frühen Dienstagabend in Nürnberg ein Fußgänger unter einem Ampelmast begraben und schwer verletzt worden. Der Mann ging **gerade** auf einem Gehweg an der Ampel vorbei, als in einer Kurve in seiner Nähe die Ladung eines Lastwagens verrutschte, wie die Polizei mitteilte ...

**E**
Ich habe meinen Computer neu gestartet und im Augenblick geht er wieder. Mal sehen, wie lange das anhält.

**F**
Weißt du, im Augenblick arbeite ich noch an meinem Buch, aber später kann ich das gern machen. Reicht dir das?

3 *(gerade) dabei sein, etwas zu tun*

**G**
Klar schaff' ich das Abi, **bin gerade dabei**, mir ein Thema für meine Facharbeit **zu suchen**.

**H**
Ich entscheide mich für eine Tasse heiße Milch und gehe ins Schlafzimmer. Als ich gerade dabei bin, ins Bett zu gehen, entdecke ich einen Honda-Roboter, der ein Givenchy-Kleid von Alexander McQueen trägt. Ich denke, dass es mir guttut, mit diesen jungen Leuten zusammen zu sein ...

**b** Lesen Sie die Texte A–H noch einmal und entscheiden Sie: Was ist richtig? Kreuzen Sie an.

1 Wo finden Sie *sein + am/beim + nominalisierten Infinitiv?*    eher mündliche Sprache ☐
   eher Schriftsprache ☐

2 Wo finden Sie die übrigen Formen?    nur Schriftsprache ☐
   mündliche Sprache und Schriftsprache ☐

**3** Im Rückblick

1 Übersetzen Sie jetzt die Gespräche A–E in Aufgabe 1 in Ihre Muttersprache oder in eine andere Sprache.
2 Unterstreichen Sie in Ihren Übersetzungen die gewählten Konstruktionen.
Machen Sie sich die Unterschiede bewusst.

AB 36

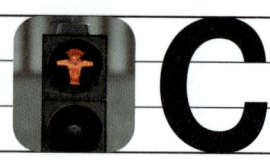

# C „Ist doch nicht so schlimm …"

**C1** **a** Lesen Sie die Definition von „Kavaliersdelikt". Versuchen Sie dann, den Begriff in Ihre Muttersprache oder in eine andere Sprache zu übersetzen.

Heutzutage nennt man Ordnungswidrigkeiten oder sogar Straftaten, die in der Gesellschaft als „nicht schlimm" angesehen werden, „Kavaliersdelikte". Jedoch kann die Einschätzung dessen, was ein Kavaliersdelikt ist, sehr unterschiedlich ausfallen.

**b** Lesen Sie. Sind das für Sie Kavaliersdelikte? – Ja oder nein?
Kreuzen Sie an. Versuchen Sie, sich dann mit Ihrer Partnerin / Ihrem Partner auf eine gemeinsame Lösung zu einigen.

| Situation | Meine Lösung | | Gemeinsame Lösung | |
|---|---|---|---|---|
| | ja | nein | ja | nein |
| Bei Tempolimit 130 mit 150 fahren | ☐ | ☐ | ☐ | ☐ |
| Eine CD „raubkopieren" | ☐ | ☐ | ☐ | ☐ |
| Bei einer schriftlichen Prüfung vom Nachbarn abschreiben | ☐ | ☐ | ☐ | ☐ |
| Den Kellner nicht aufmerksam machen, wenn er zu viel Wechselgeld gegeben hat | ☐ | ☐ | ☐ | ☐ |
| Die Haftpflichtversicherung ohne Grund für ein zerbrochenes Fenster zahlen lassen | ☐ | ☐ | ☐ | ☐ |
| Sich mit falschem Titel am Telefon melden | ☐ | ☐ | ☐ | ☐ |
| Eine Coladose aus dem fahrenden Auto werfen | ☐ | ☐ | ☐ | ☐ |
| Einen Ladendieb nicht bei der Geschäftsleitung melden | ☐ | ☐ | ☐ | ☐ |
| Nach einem kleinen Parkschaden einfach wegfahren, ohne den „Unfall" zu melden | ☐ | ☐ | ☐ | ☐ |

**c** Überprüfen Sie: War Ihre Übersetzung von „Kavaliersdelikt" in a richtig?

AB 12

haben … zu
GRAMMATIK 12

**C2** Wie sehen Sie das?

**a** Wählen Sie ein Thema aus.

| 1 Am Wochenende schwarzarbeiten | Seite 129 |
|---|---|
| 2 Bei der Spesenabrechnung ein Essen mehr angeben oder … | Seite 128 |
| 3 Bei Rot über die Kreuzung gehen | Seite 131 |

**b** Lesen Sie dann die entsprechenden Postings* auf der angegebenen Seite und lösen Sie die dazugehörenden Aufgaben.

\* das Posting = ein Beitrag in einem Internetforum

**c** Schreiben Sie nun ein Posting als Antwort. Argumentieren Sie und beziehen Sie sich dabei auf Informationen und Meinungen in den Texten. Die folgenden Wendungen und Ausdrücke helfen Ihnen dabei.

Es stimmt schon, dass …, aber … ■ Natürlich hat … recht, aber … ■
Ja, aber wir/Sie müssen doch auch bedenken, dass … ■
… versteht anscheinend nicht, dass … ■ Kann man das nicht auch so sehen: … ■
Es stimmt nicht, dass … ■ Ganz anders als … bin ich der Meinung, dass … ■
Das ist doch kein Argument, …

**d** Ihre Partnerin / Ihr Partner liest nun Ihr Posting.
Sie/Er unterstreicht Stellen, die ihr/ihm besonders gut gefallen.
Danach markiert sie/er Fehler und Stellen, die sie/er nicht versteht.
Überarbeiten Sie dann Ihren Text.

AB 13–17

WORTSCHATZ 13, 14
SÄTZE BAUEN 15, 16
TEXTE BAUEN 17

**D1** **a** Lesen Sie den Text. Der Erzähler des Textes gerät in eine Konfliktsituation.
Wie könnte man diese beschreiben?

## was gibt es schöneres ...*

was gibt es schöneres, als alleine in einem zugabteil zu sitzen und ein buch zu lesen, das man schon lange am nachttisch liegen oder in der reisetasche herumgetragen hatte? was gibt es ärgerlicheres, als wenn sich ein raumfüllender, blazerbekleideter, arroganter, mondgesichtiger schnösel mit bunter krawatte und schwarzem aktenkoffer ins abteil schiebt, sein handy zückt, bevor es noch geläutet oder gepiepst hat oder eine mozartmelodie erklingen ließ, zuerst sein büro, dann seine frau und schließlich seine freundin anruft? die gespräche sind alle gleich, als wären sie einem konversationslexikon entnommen, das allerdings noch niemand geschrieben hat. ich war nach einer viertelstunde über die probleme im büro, über die kinder, über tante käthe und onkel udo, den garten, den hund, den blöden tierarzt, die nachbarn, die urlaubspläne und das fernsehprogramm, die hotelkosten, wechselkurse und reisezüge, die hausapotheke und den tachostand komplett informiert. da nicht abzuschätzen war, wann ich die chance bekam weiterzulesen, klappte ich laut, fast ostentativ mein buch zu (...)

\* Der Verfasser des Textes macht von seiner künstlerischen Freiheit Gebrauch und schreibt
seine Texte nur mit Kleinbuchstaben. Das ist aber nur in künstlerischen Werken erlaubt.

**b** Wie könnte der Erzähler die Konfliktsituation lösen? Sammeln Sie Ihre Vorschläge im Kurs.

**c** Wie löst der Erzähler die Situation tatsächlich? Lesen Sie das Ende der Erzählung.
Vergleichen Sie dann mit Ihren Vorschlägen.

(...) und zog mein handy wie eine armeepistole aus dem ersten weltkrieg. ich begann laut zu sprechen, lauter als mein nachbar, sodass dieser meine worte verstehen musste. ich wiederholte der reihe nach alles, was ich von ihm gehört hatte, erkundigte mich im büro, wiederholte das gespräch mit seiner frau und seiner freundin, tante käthe und onkel udo, den garten, den hund, den blöden tierarzt, die nachbarn, die urlaubspläne und das fernsehprogramm, die hotelkosten, wechselkurse und reisezüge, die hausapotheke und den tachostand. ich wunderte mich über mein gedächtnis. bemerkte nicht, dass mein nachbar zu sprechen aufgehört hatte und mit offenem mund mir zuhörte. ich sah in unbeschreibbar blöd dreinschauende augen. da klingelte sein handy, er stand wie ferngesteuert auf und verließ, bevor er abgehoben hatte, das abteil. ich nahm mein buch zur hand und las es in einem zug, in dem ich ja saß, aus.
*Friedrich Achleitner*

**d** Könnten Sie sich vorstellen, in einer ähnlichen Situation auch so zu reagieren?
Warum? Warum nicht?

**D2** Nicht immer kann man einen Konflikt so lösen wie der Erzähler in dem Text. Manchmal muss man sich einigen.

1.4

**a** Lesen Sie die folgenden Aussagen. Hören Sie dann das Gespräch, in dem
sich zwei Studierende in einem Wohnheim auf einen Kompromiss einigen.
Was ist richtig? Kreuzen Sie an.

1 Michael lernt für eine wichtige Prüfung und kann sich wegen des Geigenspiels nicht konzentrieren. ☐
2 Natascha lernt auch für eine Prüfung und kann sich auch nicht konzentrieren. ☐
3 Michael fragt Natascha, ob sie mit dem Üben aufhören könnte. ☐
4 Bis halb fünf am nächsten Tag hört Natascha mit dem Üben auf. ☐
5 Natascha und Michael einigen sich darauf, dass Michael ab halb fünf in Ruhe lernen kann. ☐

# D Und jetzt?

**b** In welcher Reihenfolge lief dieses Gespräch ab?
Bringen Sie die Gesprächsabschnitte gemeinsam in die richtige Reihenfolge.

......... auf Vorschlag reagieren (und Gegenvorschlag machen)

......... Kompromiss finden / sich einigen

....1.... Problem darstellen

......... Lösungsvorschlag anbieten

......... auf Problemdarstellung reagieren

**c** Ordnen Sie die folgenden Wendungen und Ausdrücke
den Gesprächsabschnitten in b zu. Vergleichen Sie.

| Gesprächsabschnitt | 1 | 2 | 3 | 4 | 5 |
|---|---|---|---|---|---|
| Wendungen | | | | | |

**A** Hm, das ist jetzt aber ziemlich schlecht … ▪ Tut mir echt leid, aber … ▪ … wirklich nur sehr ungern … ▪ Nein, das geht nicht. ▪ Weißt du was, warum machen wir es denn nicht so: …▪

**B** Ich lerne doch gerade für … und kann mich nicht konzentrieren.

**C** Könntest du nicht vielleicht eine Ausnahme machen? ▪ Und wenn du vielleicht …?

**D** Hörst du das denn wirklich so laut …?

**E** Ja gut, von mir aus. ▪ Das wäre auf alle Fälle besser als … ▪ Na ja, ist nicht ideal, aber ist schon okay. ▪ Irgendwie müssen wir uns ja einigen. ▪ Danke auch für dein Verständnis.

**D3** **a** Suchen Sie sich eine Partnerin / einen Partner
und finden Sie gemeinsam einen Kompromiss.

1 Entscheiden Sie sich für einen der drei Konflikte: A, B oder C.

2 Verteilen Sie Ihre Rollen.

3 Notieren Sie Ihre Argumente. Wählen Sie dann die passenden Wendungen und Ausdrücke (in B3b, B4 und D2c) aus, die Sie verwenden möchten.

4 Sprechen Sie. Versuchen Sie, mit Ihrem Partner / Ihrer Partnerin eine Kompromisslösung zu finden.

irgend-
**G** GRAMMATIK 18–20

AB 18–25

PHONETIK 24
SÄTZE BAUEN 21, 22, 23
TEXTE BAUEN 25

**A**

Sie ziehen gerade um, in eine andere Stadt. Ihre Freunde helfen Ihnen, die Wohnung einzurichten. Für einige Regale muss noch gebohrt werden. Es ist Samstagabend nach 20 Uhr. Ihr Nachbar beschwert sich, weil ihn das Bohren beim Fernsehen stört und die Hausordnung das auch verbietet. Am Sonntag fahren Ihre Freunde aber wieder nach Hause und Sie fangen Montag Ihren neuen Job an.

**B**

Sie haben gesehen, dass es für die ersten zwei August-wochen ein tolles Pauschal-angebot für Ihr Traum-Urlaubs-land gibt. Sie möchten diese Reise unbedingt machen. Allerdings nimmt normaler-weise Ihre Arbeitskollegin immer die ersten zwei August-wochen Urlaub. Einigen Sie sich mit Ihrer Kollegin.

**C**

Sie leben in einer Wohngemein-schaft. Es gibt einen Fernseher für alle WG-Mitglieder. Sie freuen sich schon den ganzen Tag auf einen gemütlichen DVD-Abend mit Ihren Freunden. Ihre Mitbewohner wollten heute Abend ins Theater. Als Sie mit Ihren Freunden in die Wohnung kommen, sieht sich aber einer Ihrer Mitbewohner gerade Fußball an. Einigen Sie sich mit Ihrem Mitbewohner.

**b** Stellen Sie Ihre Kompromisslösungen im Kurs vor.
Welche Gruppe hat die sinnvollste / originellste / interessanteste Lösung gefunden?

**E1 a** Hören Sie die Werbesendung. Wofür wirbt sie?
Welche Vorteile verspricht die Werbung dem Käufer?
Machen Sie sich beim Hören Notizen. Sprechen Sie.

**b** Würden Sie sich das Produkt bestellen? Warum? Warum nicht?
Sprechen Sie zu zweit.

**E2** Wenn der „Parkengel" nicht funktioniert ...

*Defekt und Folgen    Forderungen*

**a** Hören Sie ein Gespräch mit dem Kundenservice.
Notieren Sie in Stichpunkten, worüber sich
der Anrufer beschwert und was er fordert.

**b** Lesen Sie den folgenden Briefentwurf.
Um was für eine Textsorte handelt es sich?
Kreuzen Sie an.

AB 26    SÄTZE BAUEN 26

☐ Beschwerdebrief    ☐ Geschäftsbrief    ☐ Abmahnung

**Defekte Einparkhilfe „Parkengel"**

Sehr geehrte Damen und Herren,

vor zwei Wochen ließ ich Ihre Einparkhilfe „Parkengel" in mein Auto einbauen.
Leider musste ich jedoch feststellen, dass diese defekt ist: Statt den Parkvorgang zu unterstützen,
...

Wie mit Ihrem Mitarbeiter im Kundenservice telefonisch abgesprochen, schicke ...
Bitte senden Sie mir entweder umgehend ...

Außerdem erwarte ich selbstverständlich ... Falls das nicht möglich ist, können Sie mir
stattdessen ...

Mit freundlichen Grüßen

*Unterschrift*

Anlage

**Aufforderung
Bedingungssätze**
GRAMMATIK 27–33

**c** Suchen Sie sich eine Partnerin / einen Partner und schreiben Sie
mit den Informationen in a den Beschwerdebrief zu Ende.

AB 27–35

TEXTE BAUEN 34, 35

**d** Tauschen Sie Ihre Beschwerdebriefe mit einer anderen Zweiergruppe aus.
Lesen Sie und korrigieren Sie.

# Fokus Grammatik: Aufforderungen im Kontext

**1**
**a** Lesen Sie die folgenden Aufforderungen. Welche sind der Situation angemessen? Was glauben Sie? Kreuzen Sie an.

1  Höher! ☐
2  Bitte ein kleines bisschen nach rechts. ☐
3  Runter. ☐
4  Links. ☐
5  Geht es noch ein wenig nach links? ☐
6  Passt. ☐
7  Stopp! ☐

**1.7**
**b** Hören Sie. Vergleichen Sie Ihre Lösungen im Kurs. (Siehe Lösungen Seite 144.)

**2  a** Was glauben Sie: Zu welchen Situationen A–D passen die Sätze? Ordnen Sie zu.

| Foto | A | B | C | D |
|------|---|---|---|---|
| Sätze | | | | |

................ ................ ................ ................

1 In die Kiste. ☐  2 Hierhin. ☐  3 Sitz. ☐  4 Hände hoch! ☐  5 Fuß. ☐  6 Nicht hinsetzen. ☐
7 Platz. ☐  8 Und jetzt kommen Sie schön mit. ☐  9 Komm. ☐  10 Aus. ☐  11 Stehengeblieben. ☐

**1.8**
**b** Hören Sie jetzt und überprüfen Sie Ihre Zuordnung.

**1.9**
**3  a** Hören Sie sechs Gespräche. Was sind das für Situationen? Ordnen Sie zu.

**A** Situation im Büro ☐  **B** Situation auf dem Amt ☐  **C** Telefonat mit dem Kundenservice ☐
**D** Streit unter Nachbarn ☐  **E** Erziehungssituation ☐  **F** Paar im Restaurant ☐

Gespräch 1 ☐  Gespräch 2 ☐  Gespräch 3 ☐  Gespräch 4 ☐  Gespräch 5 ☐  Gespräch 6 ☐

**1.9**
**b** Lesen Sie die folgenden Aufforderungen. In welchem Gespräch kamen sie vor? Ordnen Sie zu. Hören Sie dann noch einmal und korrigieren Sie gegebenenfalls Ihre Lösungen.

a ☐  Kommen Sie ruhig rein. ☐  Legen Sie sie doch einfach auf den Tisch. ☐
Würden Sie sich bitte gleich darum kümmern? ☐  Der Brief, der müsste heute noch ...
b ☐  Und für mich den großen Nachspeisenteller. ☐  Du sollst doch nichts Süßes essen! ☐
Iss doch lieber ... ☐  Schluss jetzt.
c ☐  Und könnten Sie das vielleicht so bearbeiten, dass ... ☐  Ich bekomme dann noch eine Unterschrift.
d ☐  Mach die Musik leiser. ☐  Würdest du bitte dein Zimmer aufräumen? ☐
Du wirst dein Zimmer aufräumen, und zwar jetzt.
e ☐  Ich fordere Sie jetzt zum letzten Mal auf, ... ☐  Da müssen Sie sich ... ☐
Sie sorgen jetzt umgehend dafür, ... ☐  Bleiben Sie bitte am Apparat, ... ☐  Bitte warten.
f ☐  Also hören Sie mal. ☐  Sie werden den Baum fällen. ☐  Dann werden Sie den Baum stutzen.

**1.9**
**4** Hören Sie noch einmal. Konzentrieren Sie sich auf die Aufforderungsformen. Überlegen Sie dann: Sind die folgenden Aussagen richtig oder falsch? Kreuzen Sie an.

richtig  falsch

1  Im Deutschen gibt es eindeutige, klare Regeln, die sagen, ob eine Aufforderung höflich oder unhöflich ist. ☐ ☐
2  Ob eine Aufforderung angemessen ist oder nicht, hängt von der Situation ab. ☐ ☐
3  Ob eine Aufforderung als angemessen oder unangemessen empfunden wird, hängt auch von der Betonung ab. ☐ ☐
4  Man sollte die Menschen in ihrer eigenen Umgebung beobachten, um zu wissen, wie sie ihre Aufforderungen ausdrücken und verstehen. Dann weiß man, wie man angemessen spricht und reagiert. ☐ ☐

AB 37

## Die ganze Welt in einer Kugel – oder doch nicht?

# Die ganze Welt in einer Kugel ...

### Überraschendes Angebot von Frank Stronach

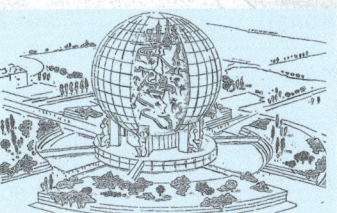

Ein Name ist derzeit in Ostösterreich in aller Munde: der aus der Steiermark stammende Austro-Kanadier und Selfmade-Dollar-Millionär Frank
5 Stronach. Er will in Ebreichsdorf, einem kleinen Dorf mit 10 000 Einwohnern 70 km südlich von Wien, einen Mega-Freizeitpark errichten. Kernstück der rund zehn Hektar großen Anlage ist eine 120 m hohe Weltkugel, die von 20 bis 30 m hohen Statuen getra-
10 gen wird. Daher auch der Name „Magna Globe Resort Park".
In dem Globus, in dem die Cheopspyramide zweimal und der Wiener Stephansdom ganze dreimal Platz hätten, sollen ein Themenrestaurant, ein Amphithea-
15 ter mit über 3 000 Plätzen sowie ein Showbereich mit Sehenswürdigkeiten, Wasserfällen und Urwäldern untergebracht werden. Darüber hinaus kann der Besucher an einer Zeitreise durch die Geschichte der Menschheit teilnehmen.

Außerhalb der Weltkugel will der be-20 geisterte wie erfolgreiche Pferdezüchter eine Galopp- und eine Trabrennbahn anlegen, ebenso ein Natur-Lehrzentrum für Schüler, ein Umweltschutzzentrum, Konferenz- und Wohn-25 hausanlagen. Daneben ein Einkaufszentrum mit Shops und Filialen von Fastfood-Ketten – und das alles ohne Eintrittsgebühr, wie versichert wird. In der Endausbauphase soll der Kugelpark etwa 10 000 Besucher täglich anlocken. 30
Eines ist jedenfalls klar: Wenn es dazu kommt, wäre das die größte jemals in Österreich getätigte Privatinvestition, denn öffentliche Gelder – darauf legt Stronach Wert – werden zur Realisierung keine benötigt! Jetzt muss nur noch der Gemeinderat von Ebreichs-35 dorf zustimmen. Der Bürgermeister hat schon positive Signale erkennen lassen.
Noch aber hat der Gemeinderat von Ebreichsdorf nicht zugestimmt und es gibt schon wilde Diskussionen im Dorf. Für die nächste Bürgerversammlung ha-40 ben sich auch die Gegner schon formiert.

**F1 a** Lesen Sie den Text. Notieren Sie alle Fakten des Tourismusprojekts aus dem Text.
**b** Formulieren Sie dann möglichst viele Sätze. Das folgende Muster hilft Ihnen dabei.

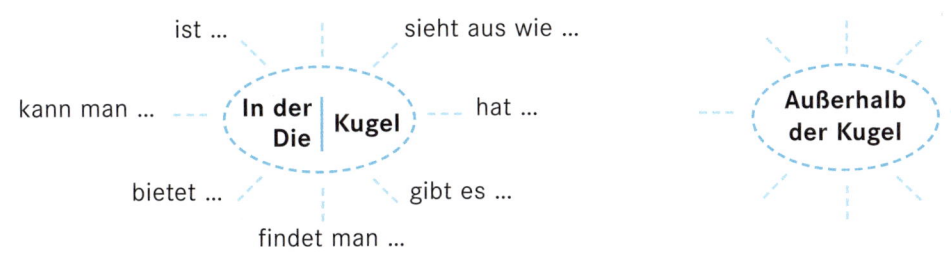

**F2** Wie gefällt Ihnen das Projekt persönlich? Hätten Sie es gern in Ihrer Nähe? Oder lieber nicht? Machen Sie sich Notizen.

**F3** Diskussion in der Bürgerversammlung: Sollen wir das Angebot annehmen?

1 Bilden Sie Vierergruppen.
2 Jeder wählt eine der folgenden Rollen.
   Bürgermeister (Seite 127)   Anrainer* (Seite 122)   Dorfbewohner (Seite 126)   Naturschützer (Seite 133)
3 Lesen Sie sich Ihre Rollenkarte genau durch. Notieren Sie Ihre eigenen Argumente (aus F2), wenn sie passen, auf Ihrer Rollenkarte. Welche Wendungen und Ausdrücke passen zu Ihrer Rolle?
4 Äußern Sie Ihre Meinung, Ihre Argumente, Ihr Ziel, seien Sie aber auch zu Kompromissen bereit.

\* Jemand, der in der direkten Umgebung wohnt und davon betroffen ist. Andere Wörter: Anwohner, Anlieger.

**F4** Vergleichen Sie die Ergebnisse der Gruppen im Kurs.

**F5** Recherchieren Sie im Internet, was aus dem Projekt geworden ist.

### Kompromisse aushandeln

**Verständnis zeigen (mit Einschränkung)**

Ja gut, von mir aus.
Ja, Sie haben ja recht, aber ...
Ich kann ja verstehen, dass ..., aber ...

**Unverständnis zeigen**

Da könnte ja jeder kommen.
Das gibt's doch nicht.
Das geht wirklich nicht.
Ich kann's nicht fassen.
Da kann ich keine Ausnahme machen.
Ich weiß wirklich nicht, was Sie wollen ...
Finden Sie das jetzt wirklich in Ordnung, dass ...?

**Stellung nehmen**

Es stimmt schon/nicht, dass ..., aber ...
Natürlich hat ... recht, aber ...
Ja, aber wir/Sie müssen doch auch bedenken, dass ...
... versteht anscheinend / scheinbar nicht, dass ...
Kann man das nicht auch so sehen: ...
Ganz anders als ... bin ich der Meinung, ...
Das ist doch kein Argument, ...

**Problem darstellen**

Es ist nämlich so, dass ...
Weil das nämlich so ist, dass ...
Und was ich noch sagen wollte, ...
Die Sache ist die: ...
Aber Sie wissen doch, dass ...
Sie können mir das wirklich glauben.
Leider musste ich jedoch feststellen, dass ...
Ich lerne gerade für ... und kann mich
  nicht konzentrieren.

**Bedingungen stellen**

Wenn das nicht möglich ist / nicht geht, ...
Können Sie mir stattdessen ...?

**sich beschweren**

Leider musste ich aber feststellen, dass ...
Statt zu ..., ...

**auf Problemdarstellung reagieren**

Wissen Sie, das Ganze ist einfach
  ein Missverständnis: ...
Da gibt es Vorschriften ...
Hörst du das denn wirklich so laut ...?
Ja schon, aber könntest du nicht vielleicht
  eine Ausnahme machen?
Hm, das ist jetzt aber ziemlich schlecht ...
Tut mir leid, aber ....

**einen Lösungsvorschlag machen**

Warum gehen Sie nicht ...?
Weißt du was, warum machen wir
  es denn nicht so: ...
Könntest du vielleicht ...?
Und wenn du vielleicht ...?

**auf einen Lösungsvorschlag
(reserviert) reagieren**

Ich hätte einen anderen Vorschlag: ...
Könnten Sie nicht ...?
... nur sehr ungern.
Nein, das geht nicht.
Irgendwie müssen wir uns ja einigen.
Na ja, ist nicht ideal, aber ist schon okay.
Das wäre auf alle Fälle besser als ...
Ja gut, von mir aus.
Würde dir das denn was bringen?
Ist schon okay.
Wenn's sein muss.
Kann man wohl nicht ändern.

**etwas fordern**

Außerdem erwarte ich ...
Bitte senden Sie mir ...
... entweder umgehend oder ...

**sich bedanken**

Danke für Ihr Verständnis.
Danke auch für dein Verständnis.

## „Verlaufsform" (mittendrin in einer Handlung)

Etwas passiert in diesem Moment.

*gerade, im Augenblick, im Moment*
Ich backe gerade / im Augenblick /
im Moment einen Kuchen.

*dabei sein, ... zu*
Ich bin dabei, einen Kuchen zu backen.

*bin am/beim* + nominalisierter Infinitiv
**(vor allem mündlich)**
Ich bin am Backen / (am Kuchenbacken.)
Ich bin beim Backen / (beim Kuchenbacken.)

**Kombinationen aus den Formen oben**
Ich bin im Moment am Backen.
Ich bin gerade dabei, einen Kuchen zu backen.

## Aufforderungen

Es gibt viele Möglichkeiten, jemanden zu etwas aufzufordern. Jede Form kann in einer bestimmten Situation unpassend oder unhöflich wirken. Welche Form man wählt, hängt vom individuellen Umgang mit anderen Menschen ab.

| | |
|---|---|
| mit Präsens | Ich bekomme dann noch eine Unterschrift. |
| mit Adjektiven und Adverbien | Höher! Noch höher! Gut, wieder ein bisschen runter! |
| mit Nomen | Die Speisekarte, bitte. |
| mit *sollen* | Du sollst doch nichts Süßes essen, das habe ich dir schon dreimal gesagt. |
| mit *bitte* | Kommst du, bitte? |
| mit *mal* und *doch* | Komm doch bitte her! / Komm bitte mal her! / Komm doch bitte mal her! |
| mit Verben der Aufforderung | Ich fordere Sie auf, diesen Raum sofort zu verlassen. |
| | Ich beauftrage Sie jetzt mit der Lösung des Falles. |
| mit Fragesätzen | Machst du das bitte gleich? |
| mit *werden* (Futur) | Du wirst jetzt sofort dein Zimmer aufräumen. |
| mit Imperativ | Leg das Handy einfach auf den Tisch. (s. Ziel B2, Band 1, Lektion 7) |
| mit Infinitiv | Hier nicht parken. (s. Ziel B2, Band 1, Lektion 7) |
| mit Konjunktiv II | Könnten Sie das bitte gleich erledigen? (s. Ziel B2, Band 1, Lektion 7) |

## konditionale Angaben

**mit *falls***
Bitte überweisen Sie den Kaufpreis auf mein Konto, falls Sie kein neues Gerät liefern können.

**mit *auch wenn***
Eine Reklamation darf man niemals persönlich nehmen, auch wenn ein Kunde aggressiv und emotional auftritt.

## modale Angaben: Ersatz und Alternative

Leider haben Sie mir statt eines Toasters einen Rasierapparat geliefert.
Entweder Sie nehmen das Gerät zurück oder Sie erstatten mir den Kaufpreis.

## Artikelwörter/Pronomen

Ich habe **irgendein** *merkwürdiges Geräusch* gehört.          Artikelwort
Es gibt hier doch *so viele Kleider*. Du wirst schon **irgendeins** finden.          Pronomen

## zwei Konjunktionen in einem Satz

Du sollst dich bitte beeilen, weil ich jetzt
nämlich Hunger habe und etwas essen möchte.

Weil ich Hunger habe. (Begründung) +
Ich habe nämlich Hunger. (Erläuterung)

Mir gefällt dieses Bild am besten, obwohl die
anderen aber auch okay sind.

Obwohl die anderen okay sind. (gegen eine Erwartung) +
Die anderen sind aber auch okay. (Gegensatz)

## feste Ausdrücke in der Bedeutung von Modalverben: *haben ... zu*

Vor dem Start des Projekts haben wir noch einiges vorzubereiten.    müssen wir ... vorbereiten

# Aus Überzeugung

„Wer darf wählen?" – Auf diese Frage antwortet wohl jeder: „Ja wir, wer denn sonst?" Vielleicht wird noch hinzugefügt: „Jeder, der über achtzehn ist." Aber hier wird es schon unbestimmt. Welche Altersbestimmung gilt wirklich in welchem deutschsprachigen Land, bei welcher Wahl? Und das „Wer?" lässt sich auch nicht so eindeutig beantworten, wenn man in Betracht zieht, dass es auch kommunale Wahlen und EU-Wahlen gibt. Und in der Schweiz ist Vieles dann auch wiederum ganz anders.

Es gibt aber auch eine historische Komponente. In Österreich zum Beispiel wurde das Männerwahlrecht 1907 eingeführt, Männer ab 24 erhielten damals das aktive Wahlrecht, das heißt, sie durften wählen. Passives Wahlrecht bekamen die Männer auch, aber erst mit 30, das heißt, ab diesem Alter durften sie gewählt werden. Übrigens: Die österreichischen Frauen mussten elf Jahre länger auf ihr allgemeines Wahlrecht warten.

**Bundestagswahlen in Deutschland:**
**Ergebnisse und Trends**

**Mecklenburg-Vorpommern:**
**Landtagswahl**

**Kommunalwahlen in Brandenburg:**
**Wahlprognosen versprechen**
**eine spannende Wahl**

Parlament in Wien

**Ergebnisse der vorgezogenen**
**Nationalratswahl in Österreich**

**Parlamentswahlen in**
**der Schweiz**

In der Schweiz werden dieses Jahr wieder einige der Kantonsparlamente und der Gemeinderegierungen neu gewählt

Rathaus von Köpenick

Wahlurne

Gewählt wird in freier, gleicher und ge

Sitz des Deutschen Bundestages

Gebäude des Nationalrats in Bern

Stimmzettel

Wahl.

+++ Alltagsgespräche führen +++ Alltagsgespräche führen +++ Alltagsgespräche führen +++ Alltagsgespräche führen +++ Alltagsgesprä
ühren +++ Alltagsgespräche führen +++ **Alltagsgespräche führen** +++ Alltagsgespräche führen +++ Alltagsgespräche füh
+++ Alltagsgespräche führen +++ Alltagsgespräche führen +++ Alltagsgespräche führen +++ Alltagsgespräche führen +++ Alltagsgesprä

# Angepasst
## 10

**A**

**B**

**C**

**D**

**E**

**1** Woran passt sich jemand oder etwas (Menschen, Tiere, Pflanzen, Arbeit, Natur, Klima, Jahreszeit ...) an?

**2** Inwiefern passen die Fotos zum Thema „Angepasst"?

---

**Lernziel: Alltagsgespräche führen – sich austauschen**

→ Alltagssprache verstehen
→ verkürzte Antworten verstehen
→ zustimmen im Alltagsgespräch (Small Talk)
→ verneinen im Alltagsgespräch (Small Talk)

→ etwas bewerten
→ sich kurz austauschen
→ Meinungen kurz zusammenfassen

**Textsorten:**

Straßeninterviews ■
Redewendungen ■ Sachtext ■
Radiogespräch ■
Zeitungsmeldung ■
Zeitschriftenartikel ■ Interview ■

---

## Was sich liebt, das ähnelt sich

**A  a**  Betrachten Sie die Fotos. Passen sich Partner im Laufe der Jahre (aneinander) an?
Kennen Sie Beispiele dafür?

Nein, das glaube ich nicht, …
Natürlich passen sie sich an, weil …
Das ist doch gar keine Frage, dass …
Ich kenne da ein Beispiel aus meiner Nachbarschaft: …

**b**  Wie empfinden Sie die Anpassung hier? Sprechen Sie.

---

LESEN
SPRECHEN

## Farbenspiel

**B1  a**  Wie lauten die folgenden Redewendungen? Was könnte passen?
Ergänzen Sie und vergleichen Sie dann im Kurs.

AB 1, 2 → WORTSCHATZ 1, 2

schwarz ■ grün und blau ■ bunt ■ gelb ■ grau ■ rot ■ rot

1  Da soll man nicht .............................. vor Zorn werden. ☐

2  Er hat sich darüber ............................. geärgert. ☐

3  Sie hat sich ............................. geärgert. ☐

4  Sie wurden ............................. vor Scham. ☐

5  Er war ............................. vor Neid. ☐

6  Das wird mir zu ............................. . ☐

7  Er wurde über Nacht ............................. . ☐

**b**  Gibt es ähnliche Redewendungen in Ihrer Muttersprache?
Übersetzen Sie sie ins Deutsche.

# B Farbenspiel

**B2** Farben sind mehr als Dekoration.

**a** Welche Eigenschaften oder Inhalte verbinden *Sie* persönlich mit den folgenden Farben?
Ergänzen Sie. Sammeln Sie dann im Kurs.

Grün: ..................... Blau: ..................... Gelb: ..................... Schwarz: ..................... Rot: ...................

**b** Lesen Sie den folgenden Textausschnitt.
Warum schreibt der Verfasser wohl diesen Text? Was glauben Sie? Sprechen Sie.

Wer weiß nicht, dass Farben Stimmungen und Gefühle vermitteln? Und doch wird der Farbwahl im Internet oft erstaunlich wenig Aufmerksamkeit geschenkt. Statt Vertrauen und Zuverlässigkeit strahlen die Seiten Gleichgültigkeit und Unlust aus, statt Wohlempfinden und Zutrauen wecken sie Unwohlsein und Misstrauen. Aber es sei auch zugegeben, die Wahl der richtigen Farbe ist alles andere als leicht. Fast immer können Farben sehr unterschiedliche Gefühle und Stimmungen auslösen. So steht Gelb sowohl für Wärme als auch für Eifersucht. Die folgende Übersicht kann deshalb nur einige Anregungen für eine sinnvolle Farbauswahl geben.

**c** Lesen Sie nun die Beschreibungen zu fünf Farben und lösen Sie die Aufgaben.

1 Markieren Sie die Eigenschaften und Inhalte, die Sie in a der jeweiligen Farbe zugeordnet haben.
2 Welche Eigenschaften und Inhalte sind neu? Empfinden Sie sie als passend?
Ergänzen Sie sie dann in B2a.
3 Welche finden Sie ganz unpassend? Streichen Sie diese.

AB 3–6
-ität, -ismus
GRAMMATIK 3–6

Blau ist bei den Deutschen die beliebteste Farbe. Sie vermittelt Frische, Ruhe, Heiterkeit, Autorität, Klugheit, Intuition, diplomatisches Geschick, Männlichkeit und Willensstärke, aber auch Kälte und Leere.

Grün gehört ebenfalls zu den sehr beliebten Farben. Mit der Farbe werden Ruhe, Ausgeglichenheit, Freiheit, Großzügigkeit, Offenheit und Mitgefühl in Verbindung gebracht, aber genauso Neid und Eifersucht.

Rot symbolisiert einerseits Aktivität, Aufmerksamkeit, Liebe, Wärme, Macht, Leidenschaft und Stärke, andererseits aber auch Aggressivität. Da die Farbe sehr viel in der Werbung eingesetzt wird, „lesen" viele Menschen inzwischen über sie hinweg.

Gelb erinnert an die Sonne und strahlt Wärme, Lebensfreude, Lachen und Ehrgeiz aus.
Am anderen Ende der Skala stehen Nervosität, Angst, Falschheit, Neid und Feigheit.

Schwarz steht für Trauer und Verschlossenheit. In Verbindung mit Weiß vermittelt die Farbe Seriosität und Nüchternheit.

**d** Versuchen Sie, sich nun in Vierergruppen bei jeder Farbe auf eine oder zwei „Haupteigenschaften" zu einigen. Verwenden Sie in dem Gespräch auch die folgenden Wendungen und Ausdrücke.

Für mich steht Blau für Kälte. Und für euch?

Also, keinesfalls Kälte. Denk doch an den schönen blauen Himmel, ich bin für Ruhe. Oder passt Männlichkeit besser?

Kaum. Ich weiß gar nicht, was das damit zu tun hat. Wäre für dich Ruhe auch in Ordnung?

Ist mir recht. Aber irgendwie passt das für mich alles nicht so richtig.

Negation
Affirmation
GRAMMATIK 7–12

AB 7–15

Kaum. ■ Keineswegs/Keinesfalls. ■ Auf keinen Fall. ■ Ist (mir) recht. ■
In Ordnung. ■ Das geht schon. ■ Klar. Passt doch. ■
Ist mir beides recht. ■ (Ist mir) Eigentlich egal. ■ Ich habe dazu eigentlich keine Meinung. ■ Mir sagt die Farbe nichts. ■ Tatsächlich? ■
Einverstanden. ■ Ach, ich weiß nicht. ■ So, damit wäre das erledigt. ■

PHONETIK 13, 14
SÄTZE BAUEN 15

W

# Fokus Grammatik: Negation im Kontext

**1.11**

**1 a** Lesen Sie und hören Sie die folgenden Sätze. Lösen Sie dann die Aufgabe b.

1. So etwas hat die Welt noch nicht gesehen.
2. Warum Clowns in der Regel keine fröhlichen Menschen sind, keine Ahnung.
3. Störe ich? – Keineswegs. Was gibt's?
4. Also, wenn Sie nichts sagen wollen, dann schweigen Sie halt, wir haben Zeit.
5. Niemals. Das schwöre ich dir. – Wirklich nicht? – Nein, nie im Leben, das kannst du mir glauben.
6. Mir ist bei dieser ganzen Geschichte unwohl. Irgendetwas stimmt da nicht.
7. Das machst du auf keinen Fall, verstanden?
8. Ich verstehe das überhaupt nicht. Was will er denn eigentlich?
9. Ich verstehe überhaupt nichts, ehrlich gesagt.
10. Haben Sie etwas gesehen? – Nichts und niemanden. Wie oft soll ich das noch sagen?
11. Kalorienarme Plätzchen – so ein Quatsch.
12. Nirgendwo auch nur eine Spur von einer Tankstelle. Und der Tank ist gleich leer.
13. So, jetzt sag' ich dir was: Der ist weder gut aussehend noch gebildet, der hat weder einen Job noch Geld – was die an dem findet, ist mir ein Rätsel.
14. Wisse, dass mir sehr missfällt, wenn so viele singen und reden!
    Wer treibt die Dichtkunst aus der Welt? Die Poeten! *Goethe*

**b** Für die Negation gibt es verschiedene Möglichkeiten. Welche finden Sie in den Sätzen 1–14? Lesen Sie noch einmal und ordnen Sie zu.

Negationswörter: Satz .1., nicht; 2.,...........................

Negation durch Vorsilben: Satz ...........................

Negation durch Nachsilben: Satz ...........................

Negation durch Konjunktionen: Satz ...........................

Negation durch Adjektive, die das Gegenteil ausdrücken: Satz .12.,...........................

**1.12**

**2** Lesen Sie und hören Sie. Wer glaubt wie viel? Ordnen Sie die Smileys den Antworten zu.

▼ Weniger Steuern ab kommendem Jahr. Glaubst du denen das?

Nein, kein Wort. ☐ ■ Nein, überhaupt nicht. ☐ ■ Kaum, wie soll das denn gehen? ☐ ■ Na ja, ein bisschen wird es wohl stimmen. ☐ ■ Das kann doch nicht stimmen. ☐ ■ Ja, klar, die wollen doch gewählt werden. ☐

1 ☺   2 ☺   3 ☹

**3 a** Lesen Sie die folgenden Dialoge.

**1.13** Hören Sie dann die Dialoge und streichen Sie, was Sie nicht gehört haben. Ergänzen Sie gegebenenfalls, was Sie gehört haben.

1. ○ Du wirst mich heiraten.
   ◇ Niemals werde ich dich heiraten.

2. ○ Störe ich dich?
   ◇ Keinesfalls störst du mich. Komm rein.

3. ○ Hörst du was?
   ◇ Nein, ich höre nichts.

4. ○ Wer hat hier geraucht?
   ◇ Niemand hat hier geraucht.

5. ○ Ich brauche heute kein Abendessen, ich hab' irgendwie keinen Hunger.
   ◇ Ich habe auch keinen Hunger.
   ▼ Und ich brauche auch kein Abendessen, ein Stück Käse und Obst, das reicht mir.

6. ○ Gefällt dir hier irgendetwas?
   ◇ Nein, mir gefällt hier nichts.
   ○ Gefällt dir wirklich nichts?
   ◇ Nein, mir gefällt hier überhaupt nichts.

**b** Finden Sie das Prinzip. Welche Aussage ist richtig? Kreuzen Sie an.

1. In den Antworten werden die Verben weggelassen.
2. In den Antworten werden oft die Satzteile weggelassen, die in der Bedeutung mit dem vorherigen Satz gleich sind.
3. In der Antwort werden oft die Satzteile weggelassen, die für die Kommunikation wichtig sind.

AB 36

# C   Das passt nicht mehr!?

**C1** „Das passt nicht mehr." In welchen Situationen würden Sie diesen Satz sagen?
Sammeln Sie im Kurs.

**C2** Das Projekt „Size Germany" – die deutsche Reihenmessung

**a** Lesen Sie den folgenden Text. Welche Faktoren tragen dazu bei,
dass die angebotene Konfektionsware nicht mehr passt?

gestiegenes Modebewusstsein ☐   zunehmende Größe ☐   veränderte Konfektionsgrößen ☐
gesündere Ernährung ☐   zunehmendes Gewicht ☐   athletischere Körper ☐

## Size Germany: Kleidergrößen werden der Realität angepasst

Viele Frauen kennen das: Sitzt die Hose an den Oberschenkeln perfekt, kneift sie in der Taille. Schmiegt sie sich wie eine zweite Haut an die Rundungen der Hüfte an, schlabbert sie unten. Damit soll nach dem Projekt „Size Germany" Schluss sein: Durch die Vermessung von 12 000 Frauen, Männern und Kindern in ganz

Deutschland sollen die Konfektionsgrößen an die Wirklichkeit angepasst werden. Wissenschaftler gehen davon aus, dass die Menschen immer größer werden, dadurch wächst auch ihr Umfang. Da auch Übergewicht stark zugenommen hat, müssen neue Maßstäbe gesetzt werden.

**b** Notieren Sie ganz spontan Ihre Meinung (mit Begründung) zu diesem Projekt.

WORTSCHATZ 16–19
SÄTZE BAUEN 20

**C3** Und was meinen die Mitarbeiter eines Unternehmens?

AB 16–24

**a** Hören Sie nun einige der Statements und lösen Sie die Aufgaben.

**Modalpartikeln**
GRAMMATIK 21–24

 1.14–21

– Welcher Mitarbeiter (1–8) kennt das Projekt? Kreuzen Sie an.
– Welcher Mitarbeiter ist auch Ihrer Meinung? Kreuzen Sie an.
– Welcher Mitarbeiter hat ein gutes Argument? Kreuzen Sie an und notieren Sie ein Stichwort.
– Welcher Mitarbeiter sieht dieses Projekt positiv? Kreuzen Sie an.

| | Projekt bekannt | meine Meinung | gutes Argument | positiv | | Projekt bekannt | meine Meinung | gutes Argument | positiv |
|---|---|---|---|---|---|---|---|---|---|
| 1 | ☐ | ☐ | ☐ ............... | ☐ | 5 | ☐ | ☐ | ☐ ............... | ☐ |
| 2 | ☐ | ☐ | ☐ ............... | ☐ | 6 | ☐ | ☐ | ☐ ............... | ☐ |
| 3 | ☐ | ☐ | ☐ ............... | ☐ | 7 | ☐ | ☐ | ☐ ............... | ☐ |
| 4 | ☐ | ☐ | ☐ ............... | ☐ | 8 | ☐ | ☐ | ☐ ............... | ☐ |

**b** Würden Sie daran teilnehmen? Warum? Warum nicht? Sprechen Sie.

**C4** Size Germany ist kein Marketing-Trick

**a** Hören Sie den Ausschnitt aus einem Telefongespräch.
1.22   Er ist unvollständig, Sätze des Gesprächspartners B fehlen.

**b** Lesen Sie dann den Ausschnitt des Telefongesprächs auf Seite 127.

AB 25, 26
PHONETIK 25
SÄTZE BAUEN 26

**c** Formulieren Sie die fehlenden Sätze des Gesprächspartners B.
Notwendige Informationen dazu finden Sie ebenfalls auf Seite 127.

**d** Führen Sie Ihr Telefongespräch im Kurs zu zweit. Ihre Partnerin / Ihr Partner
spricht die vorgegebene Rolle A, Sie antworten (Gesprächspartner B).
Hat Ihr Gespräch funktioniert? Wiederholen Sie es gegebenenfalls.

**1** **a** Lesen Sie den folgenden Satz.

Du bist groß geworden.

1.23

**b** Hören Sie nun den Satz in verschiedenen Fassungen. Welche Beobachtung ist richtig?
Kreuzen Sie an.

Die Aussage der Sätze bleibt gleich. ☐    Die Aussage der Sätze verändert sich. ☐

1.23

**c** Was drücken die Sätze 1–7 aus? Hören Sie noch einmal und kreuzen Sie an.

1 Überraschung ☐    Enttäuschung ☐        5 Gleichgültigkeit ☐    Ablehnung ☐
2 Überraschung ☐    Verärgerung ☐          6 Feststellung ☐        Unglauben ☐
3 Zustimmung ☐      Widerspruch ☐          7 Feststellung ☐        Resignation ☐
4 Zustimmung ☐      Erstaunen ☐

1.24

**2** Lesen Sie und hören Sie die folgenden Sätze. Was bedeuten sie? Ordnen Sie zu.
Markieren Sie dann die Partikeln. Kreuzen Sie an.

**A** Ratlosigkeit    **B** Vorwurf    **C** freundliche, interessierte Frage    **D** Erinnerung

1 Du bist wohl verrückt geworden. ☐      4 Was wünschst du dir denn? ☐
2 Wo bleibt sie bloß? ☐                  5 Was bedeutet das eigentlich genau? ☐
3 Der ist doch Direktor geworden. ☐      6 Kannst du nicht mal abspülen? ☐

1.23, 24

**3** Partikeln und ihre Funktion: Hören und lesen Sie noch einmal die Beispiele aus 1 und 2.
Wie sind die Regeln richtig? Kreuzen Sie an.

1 Partikeln verändern die Sätze in ihrer Aussage ☐ in ihrer Aussage nicht ☐.
2 Mit den Partikeln kann man besser und genauer ☐ weniger genau ☐ ausdrücken, was man sagen möchte.
3 Partikeln sind besonders in der gesprochenen Sprache ☐ in der Schriftsprache ☐ wichtig.
4 Die Bedeutung der Partikeln ist vielfältig und hängt auch von der Betonung ab ☐
   ist unabhängig von der Betonung ☐.

1.25

**4** Anwendung: Tendenzen im Partikelgebrauch – eine kleine Hilfestellung
Hören Sie und lesen Sie dann die Hinweise.

1 Wo bleibst du denn? ■ Was ist denn aus ihm geworden? ■ Wie geht's dir denn?
   *denn* kommt nur in Fragesätzen vor. Drückt Interesse und Erstaunen aus.

2 Die Soße ist ja scharf! Hmm, lecker. ■ Die Soße ist aber scharf, hast du ein bisschen Joghurt?
   *ja* und *aber* drücken hier etwas Unerwartetes aus.
   Das ist ja immer so.
   *ja* drückt aus, dass man von etwas überzeugt ist.

3 Bist du eigentlich verheiratet? ■ Das ist eigentlich nicht so schlimm. ■
   Eigentlich habe ich etwas anderes erwartet.
   *eigentlich* schwächt den Satz ab.

4 Haben Sie etwa keinen Führerschein?
   *etwa* in Fragen: Man hat etwas anderes erwartet; klingt nicht besonders freundlich.

5 Du spinnst wohl! ■ Wohl im Lotto gewonnen.
   *wohl* drückt Vorwurf, Ironie aus.

**5** Partikeln allein haben keine eigenständige Bedeutung. Die Partikeln bewirken aber,
dass die Sätze eine eindeutigere Aussage haben. Welche Möglichkeiten haben Sie,
die Beispiele in 4 in Ihre Muttersprache oder in eine andere Sprache zu übersetzen?    AB 37

# D Architektur der Übergänge

**D1 a** Was ist was? Was vermuten Sie? Betrachten Sie die Fotos und ordnen Sie zu.

Fabrik ■ Büro ■ Tagungszentrum ■ Forschungsstation

 A

 B

 C

 D

................................................................................................

**b** Vergleichen Sie in Gruppen und tauschen Sie sich über Ihre
Vermutungen und Argumente aus. (Die Lösung finden Sie auf Seite 129.)

AB 27 → WORTSCHATZ 27

**D2** Großer Klotz in sensibler Landschaft

**a** Lesen Sie die Beschreibung zum Projekt Hagendorn (Foto D). Welche Adjektive
passen Ihrer Meinung nach zu dem Projekt bzw. zu dem Gebäude? Kreuzen Sie an.

Die riesige Fabrikhalle in Hagendorn wird langsam, aber sicher in der Landschaft verschwinden. Auf dem Dach der Fensterfabrik wird eine riesige Wiese angelegt und die Rahmenkonstruktion der Fassade wird sich in eine Hecke aus einheimischen Wildpflanzen verwandeln. Dieses erstaunliche Projekt zeigt, dass Ökonomie und Ökologie Hand in Hand gehen können.

gut gelungen ☐ preiswert ☐ ökologisch ☐ umweltfeindlich ☐ umweltfreundlich ☐
kapitalistisch ☐ naturnah ☐ klotzig ☐ misslungen ☐ verrückt ☐ verlogen ☐ hässlich ☐
intelligent ☐ schick ☐ ausgezeichnet ☐ ökonomisch ☐ gigantisch ☐ lebendig ☐ originell ☐

originell
begrünen
GRAMMATIK 28, 29

🔴 1.26–31

**b** Lesen Sie jetzt die folgenden Aufgaben. Hören Sie dann den Text.
Wählen Sie zwischen Version 1 (leichter 1.26–28) und Version 2
(anspruchsvoller 1.29–31). Haben Sie das gehört oder nicht? Kreuzen Sie an.

AB 28–31 →
WORTSCHATZ 30, 31

Abschnitt 1 ja nein

1 Es geht in dem Radiogespräch um die Fabrikhalle einer Fensterfabrik,
um ein architektonisches Wunder. ☐ ☐

2 Der Besitzer muss aus Konkurrenzgründen seine Fensterfabrik vergrößern. ☐ ☐

3 Der Fabrikneubau steht in einer empfindlichen Landschaft. ☐ ☐

4 Die beiden jungen Architekten müssen ohne einen Landschaftsarchitekten arbeiten. ☐ ☐

Abschnitt 2

5 Man sieht eigentlich kein Fabrikgebäude, sondern eine riesige Wand mit Pflanzen. ☐ ☐

6 Die Pflanzenwand soll die Landschaft nicht mit dem Fabrikgebäude verbinden. ☐ ☐

7 Die Pflanzenwand soll die Landschaft imitieren und so die Fabrik verstecken. ☐ ☐

Abschnitt 3

8 Die Pflanzenwand und das Dach verhalten sich wie die Natur. ☐ ☐

9 So orientiert sich das Aussehen der Fabrik an dem natürlichen Rhythmus der Natur. ☐ ☐

**c**   Überprüfen Sie jetzt noch einmal Ihre ausgewählten Adjektive in a.
Welche passen noch, welche finden Sie passender, nachdem Sie den Text gehört haben?

**D3 a**   Welches Foto würden Sie für eine Werbebroschüre eines Architektenbüros,
das Gebäude passend zur Landschaft bauen will, aussuchen?

     1   Betrachten Sie noch einmal die vier Fotos in D1.
     2   Wie können Sie die Gebäude beschreiben? Machen Sie sich Notizen.

**b**   Arbeiten Sie zu dritt. Begründen Sie, warum Sie ein bestimmtes Foto nehmen wollen,
begründen Sie auch, warum die anderen nicht so geeignet sind. Einigen Sie sich auf eins
der vier Fotos. Verwenden Sie dazu Ihre Notizen.

---

## Anpassung an …?      LESEN    SPRECHEN    HÖREN

---

**E1**   Sehen Sie sich das Foto an.
Erscheint Ihnen das „Krankenzimmer" in
einem Puppenkrankenhaus realistisch?
Wo sehen Sie Unterschiede gegenüber
einem echten Krankenzimmer?
Sprechen Sie.

**E2 a**   Lesen Sie den folgenden Auszug aus einem Zeitungsartikel.    AB 32–34   WORTSCHATZ 32
Wie würden Sie das Krankenhaus beschreiben?                                               SÄTZE BAUEN 33, 34

… Bei einem ihrer Einsätze zur Wahlbeobachtung war Eva Fischer von der Not der dortigen Menschen so erschüttert, dass sie sich spontan entschloss zu helfen. Besonders die Zustände in einem kirchlichen Krankenhaus haben sie aufgewühlt: „Keine Bettwäsche, keine Matratzen, kein Strom – unvorstellbare Zustände." In Absprache mit dem zuständigen Bischof hat sie das Spital der Diözese mit Moskitonetzen und weiteren Hilfsgütern versorgt. Unterstützt wurde sie bei ihrer Aktion von Spender/innen aus Oberösterreich, die ihrem Spendenaufruf gefolgt waren.

**b**   Beschreiben Sie die Aktion von Frau Fischer mit eigenen Worten.

**c**   Wie beurteilen Sie Aktionen wie die von Frau Fischer? Machen Sie sich Notizen.
Sprechen Sie dann in der Gruppe. Verwenden Sie auch die folgenden Wendungen und Ausdrücke.

Es wird immer noch zu wenig / genug für … getan. ▪ Im Gegenteil, zu wenig. ▪
Mag ja sein, aber … ▪ Das stimmt zwar … ▪ Wissen Sie, es geht nicht allen so gut wie …, da … ▪
Ja, dann sagen Sie uns doch, was man sonst machen könnte. ▪ Also, ich muss ganz ehrlich sagen,
ich finde das … ▪ Also, ich meine damit, dass … ▪ Ich sehe das so: … ▪ Ich frage mich, ob … ▪
Sie macht genau das, was ich auch schon immer machen wollte: … ▪ Wisst ihr / Wissen Sie,
ich habe auch schon mal …

**E3** Bei Frau Fischer nachgefragt.

**a** Lesen Sie bitte erst die Fragen im Interview.

1.32–33

**b** Arbeiten Sie jetzt in zwei Gruppen.
- Gruppe A: Lesen Sie das Interview und notieren Sie ein bis zwei wichtige Informationen aus den Antworten.
- Gruppe B: Hören Sie das Interview und notieren Sie ein bis zwei wichtige Informationen aus den Antworten.

*Sie sind Wahlbeobachterin. Was ist das eigentlich?*
Als Wahlbeobachterin bin ich Vertreterin des politischen Systems der EU. Ich versuche mit meinen Kolleginnen und Kollegen, in Ländern, die dies wünschen, festzustel-
5 len, inwieweit demokratische Strukturen im Wahlkampf und während der Wahl selbst eingesetzt und aufgebaut werden.
*Das heißt, Sie werden eingeladen?*
Ja.
10 *Was machen Sie dann dort konkret vor Ort?*
Ich bin als Langzeitbeobachterin schon mehrere Wochen vor den Wahlen im Land, um die Eigenheiten, Stärken und Schwächen des jeweiligen Landes kennenzulernen. Ich baue Kontakte auf, die mir zu wesentlichen Informa-
15 tionen verhelfen und mich unterstützen, mich zu orientie-ren. Sobald der Wahlkampf beginnt, besuche ich Veran-staltungen der Parteien, spreche mit Parteivorsitzenden, interviewe Journalisten, Intellektuelle, religiöse Führer und Frauenvertreterinnen, kurz: Menschen, Gruppen und
20 Organisationen, die das Bild eines Landes mitprägen. Am spannendsten sind natürlich der Wahltag, der Prozess des Wählens, der Zugang der Wähler, das Auszählen, die Veröffentlichung der Ergebnisse.
*Dies ist ja nicht nur eine verantwortungsvolle Aufgabe,*
25 *sondern wahrscheinlich auch eine recht anstrengende.*
*Warum tun Sie das?*
Demokratische Strukturen sind mir wertvoll. Ich lebe mein ganzes Leben in einem demokratischen Staat und bin glücklich darüber. Wenn ich dazu beitragen kann,
30 dass demokratische Strukturen in Ländern zur Anwen-dung kommen, deren Traditionen bisher an andere politi-sche Systeme gebunden waren, habe ich viel erreicht.
*Sie engagieren sich aber nicht nur politisch, sondern*
*auch humanitär. Wie hängt das zusammen?*
35 Wenn ich auf der politischen Bühne arbeite, lerne ich immer wieder, dass nicht alle Probleme einer Gesell-schaft von der Politik gelöst werden können. Ich versuche dann, von unserem Reichtum in Europa etwas abzuzwei-gen für Menschen in Ausnahmesituationen, deren Leben
40 viel schwieriger ist als unseres.
*Was machen Sie da zum Beispiel?*

In manchen Fällen ist Nothilfe angebracht. Lebensmittel, Kleidung und Medikamente werden gesammelt, verpackt und geliefert. Diese Form der Hilfe muss schnell gehen. Wir begleiten alle Transporte. 45
Dann versuchen wir, die Infrastruktur aufzubauen, beim Aufbau zu helfen. Schulen werden eingerichtet, Kinder-gärten ausgestattet, Krankenhäuser mit Betten und Medi-zintechnik versorgt.
In anderen Fällen helfen wir, Arbeitsplätze zu schaffen, 50 damit die betroffenen Menschen allmählich von humani-tärer Hilfe unabhängig werden.
Ich versuche herauszufinden, was die Menschen wirklich brauchen. Wir liefern nicht das, was wir nicht mehr benö-tigen, sondern besorgen genau das, was dringend fehlt 55 und vor Ort nicht beschafft werden kann.
*Aber das machen Sie doch nicht alles alleine, oder?*
Freunde helfen mir. Viele engagierte Menschen haben sich unserem Team angeschlossen. Manche investieren viel Zeit und Energie, andere bringen sich nur kurzfristig 60 ein. Unternehmen, Firmen und Kirchen unterstützen uns. Ich bin eigentlich nur der Motor.
*Eine letzte Frage: Sind Sie anpassungsfähig?*
Ich bin niemals zweimal der gleichen Situation begegnet und musste mich oft sehr flexibel zeigen. Ich hoffe, dass 65 ich anpassungsfähig genug bin. Ich bemühe mich jeden-falls immer wieder, auf meine Gesprächspartner einzuge-hen, deren Meinungen zu hören und Bedürfnisse zu erkennen. Es ist ja nicht so, dass ich meine Identität auf-geben muss. 70
So habe ich in Afrika einen anderen Umgang mit der Zeit kennengelernt. Das hat mich anfangs nervös gemacht, weil ich in dem mir vertrauten europäischen Tempo arbei-ten wollte. Nach einigen Tagen war mir dann klar, dass es einfacher ist, wenn ich mich anpasse und meinen lokalen 75 Mitarbeitern mein Arbeitstempo nicht aufzwinge. Zuhau-se angekommen, fiel mir auf, dass ich viel langsamer war als meine Umgebung. Ich hielt noch ein paar Wochen an meiner „afrikanischen" Geschwindigkeit fest, denn ich schaffte auch so mein Arbeitspensum. Nach einem Monat 80 allerdings war ich wieder ganz europäisiert – auch die Hektik hatte mich wieder vereinnahmt.

**c** Vergleichen Sie nun zu zweit (eine Person aus Gruppe A, eine aus Gruppe B) Ihre Notizen. Ergänzen Sie gegebenenfalls Informationen. AB 35 ➤ **W**ORTSCHATZ 35

**d** Lesen Sie oder hören Sie nun das Interview, je nachdem, ob Sie es vorher gehört oder gelesen haben. Was empfinden Sie als schwerer? Sprechen Sie.

# Der Anpasser: andere Länder, andere Sitten

**F**

**F1** Leben in der Fremde oder: Wie passt man sich an? – Zwölf Typen. Suchen Sie sich jeweils einen aus und beschreiben Sie, wie er sich wohl in der Fremde verhält.

der Anpasser **1** ▪ der Übereifrige **2** ▪ der Ängstliche **3** ▪ der Vorsichtige **4** ▪

der Durchmogler **5** ▪ der Snob **6** ▪ der Gewohnheitsmensch **7** ▪ der Heimwehkranke **8** ▪

der Glückspilz **9** ▪ der Kontakter **10** ▪ der Einsame **11** ▪ der Unsichere **12**

**F2 a** Sie werden gleich einen Text über einen deutschen Erasmusstudenten* mit dem Titel *Der Anpasser* lesen. Was für einen Text erwarten Sie? Kreuzen Sie an.

> \* Erasmusstudent: ein/e Student/in, die/der mithilfe des „Erasmus Student Network" im Ausland studiert

☐ einen erzählenden, berichtenden Text

☐ einen wissenschaftlichen Text

☐ einen lustigen, ironischen Text

**b** Lesen Sie nun folgende Aussagen zum Text. Kreuzen Sie die Aussagen an, die Sie in einem Text mit dem Titel *Der Anpasser* erwarten.

1 Ein Anpasser …
a ☐ imitiert schon nach kurzer Zeit das Verhalten der Inländer.
b ☐ zeichnet die Einheimischen beim Gemüse- oder Zeitungskauf.
c ☐ trifft sich in seiner Freizeit mit Einheimischen in Bars.

2 Er schämt sich für seine Landsleute, weil …
a ☐ sie ihn in seiner Muttersprache nach dem Weg fragen.
b ☐ sie immer den falschen Kaffee bestellen.
c ☐ sie sich an ihr Urlaubsland zu wenig anpassen.

3 Der Anpasser geht am Ende des Erasmusjahres am liebsten …
a ☐ nach Hause.
b ☐ in ein anderes Land, um dort weiterzustudieren.
c ☐ nicht zurück in sein Heimatland.

4 Die Zukunft des Anpassers sieht so aus: Er wird …
a ☐ Lebenskünstler oder Kulturbeauftragter.
b ☐ Straßenmusikant oder Journalist.
c ☐ Geiger in einer Band.

**c** Lesen Sie jetzt den Text auf Seite 130. Haben sich Ihre Erwartungen in a und b bestätigt? Korrigieren Sie Ihre Lösungen, wenn nötig. Vergleichen Sie dann zu zweit.

**F3 a** Wie müsste man sich auf einen längeren Aufenthalt in einem fremden Land vorbereiten? Und warum? Welche Erfahrungen haben Sie schon gemacht? Machen Sie sich Notizen.

**b** Tauschen Sie sich aus. Erzählen Sie, gehen Sie auf das Gesagte ein, fügen Sie Ihre Gedanken und Erfahrungen hinzu. Verwenden Sie auch Wendungen und Ausdrücke aus der Lektion (Übersichtsseite).

### Alltagsgespräche führen

**kommentieren**

Nein, das glaube ich nicht, …
Natürlich passen sie sich an, weil …
Das ist doch gar keine Frage, dass …
Ich kenne da ein Beispiel aus …
Sie sagen / … genau das, was ich auch schon
    immer sagen / … wollte.
Wisst ihr / Wissen Sie, ich habe auch schon mal …

**zustimmen**

Natürlich passen sie sich an, weil …
Das ist doch gar keine Frage, dass …
Ist mir recht.
In Ordnung.
Klar. Passt doch gut.
Ist mir beides recht.
Das geht schon in Ordnung.

**etwas heftiger reagieren**

Ja, dann sagen Sie uns doch, was man
    sonst machen könnte.
Also, ich muss ganz ehrlich sagen, ich finde das …

**negieren**

Nein, das glaube ich nicht, …
Kaum.
Keineswegs/Keinesfalls.

**eigene Erfahrungen einbringen**

Wisst Ihr / Wissen Sie, ich habe auch schon mal …
Sie macht genau das, was ich auch schon
    immer machen wollte: …
Ich kenne da ein Beispiel aus meiner
    Nachbarschaft …

**neutral reagieren**

Ist mir eigentlich egal.
Mir sagt … nichts.
Ich habe dazu (eigentlich) keine Meinung.
So, damit wäre das erledigt.
Ach, ich weiß nicht.

**etwas bewerten**

Es wird immer noch zu wenig / genug /
    zu viel für … getan / geredet / …
Im Gegenteil, zu wenig.
Mag ja sein, aber …
Das stimmt zwar …
Wissen Sie, es geht nicht allen so gut wie …, da …
Also, ich meine damit, dass …
Ich sehe das so: …
Ich frage mich, ob …

**nachfragen / Interesse signalisieren**

Tatsächlich?

## Negation

**Negationswörter (Auswahl)**

| | |
|---|---|
| nein | **Nein**, ich komme nicht. |
| nicht | Das mache ich **nicht**. |
| kein | Das ist **keine** gute Idee. |
| nie | Der kommt **nie** pünktlich. |
| nichts | Ich habe **nichts** gesehen. |
| keinesfalls | Das mache ich **keinesfalls**. |
| niemand | Merkwürdig – **niemand** hat etwas gesehen. |

**weitere Formen**

| | |
|---|---|
| mit Vorsilben | Die Welt ist **un**gerecht! |
| mit Nachsilben | Sei doch nicht so lieb**los**! |
| mit Konjunktionen | Dieser Mensch ist **weder** gebildet **noch** reich. Was findest du bloß an ihm? |
| mit Adjektiven | Nein, es ist nicht mehr sehr **weit**. Wir sind schon **nahe** bei Leipzig. |

## Modalpartikeln und ihre Wirkung

| | |
|---|---|
| Das ist **aber** gut geworden. | Überraschung |
| Du bist **ja doch** gekommen. | Freude |
| Du bist **vielleicht** groß geworden. | Erstaunen |
| Das ist **allerdings** richtig. | Zustimmung |
| Das ist **eben** so, glaub's mir. | Gleichgültigkeit |
| Das macht man **nun mal** so! | Insistieren |
| Der Wein ist **einfach** schlecht! | Feststellung |
| Was machst du **bloß**? | Ratlosigkeit |
| Du bist **wohl** verrückt geworden! | Vorwurf |
| Wie alt bist du **denn**? | freundliche Frage |
| Wie geht das **eigentlich**? | interessierte Frage |
| Den habe ich **doch** schon einmal gesehen. | Erinnerung / Ich bin mir sicher, dass … |
| Hast du das **etwa** gewusst? | unfreundliche Frage |

## Wortbildung: Adjektiv

**aus Nomen mit Suffixen**

| | |
|---|---|
| funktional | die Funktion |
| konzeptionell | die Konzeption |
| blamabel | die Blamage |
| raffiniert | die Raffinesse |

## Wortbildung: Nomen

**mit Suffixen**

die Aufmerksam**keit**
die Autori**tät**
die Offen**heit**
die Wärm**e**
die Leiden**schaft**

## Wortbildung: Verben aus Adjektiven

Der Platz vor dem neuen Hallenbad muss **begrünt** werden, nachdem er **erweitert** worden ist.

| | | |
|---|---|---|
| begrünen | grün | Man macht etwas „grün", d.h. man pflanzt z.B. Rasen und Bäume. |
| erweitern | weit | Man macht etwas größer. |

KARL MARX-HOF

Was man heute unter sozialem Wohnungsbau versteht, hat eine lange Vorgeschichte. Die Idee, Arbeiter und Städter mit Wohnraum zu versorgen, der auch menschlich ist, war eine Folge von Industrialisierung und Verstädterung, aber auch des aufkeimenden sozialen Denkens. Die Geschichte des sozialen Wohnungsbaus war wechselhaft und auch von zwei Weltkriegen geprägt, mit sehr unterschiedlichen Auswirkungen. Wer hat sich wem angepasst: Erbauer und Architekten mit ihren Entwürfen den Menschen oder doch eher die Menschen an die hingestellten Wohnmöglichkeiten. Und wie geht die Entwicklung jetzt nach der Jahrtausendwende weiter?

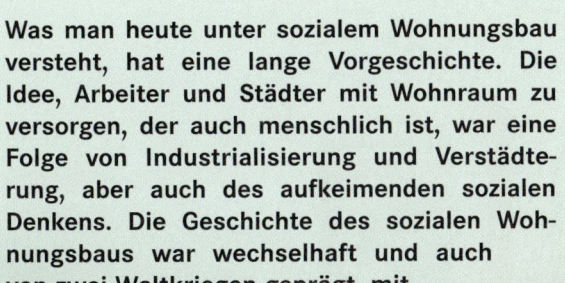

**Arbeitersiedlung Körtingsdorf** (1890): Die Firmengründer verfolgten mit der Anlage der Siedlung das Ziel, ihren Arbeitern und Angestellten gesunde Wohnverhältnisse zu ermöglichen. Im Gegensatz zu den oft engen und dunklen Wohnungen in Linden gab es in Körtingsdorf relativ großzügige Wohnungen mit großen Gärten zum Gemüseanbau und zur Nutztierhaltung. Zu jedem Grundstück gehörten ein Stall und ca. 800 qm Gartenland. In jeder Doppelhaushälfte befanden sich zwei Wohnungen mit je drei Zimmern und einer Küche. Meist gab es im Obergeschoss eine fünfte Wohnung. Besonders stolz war man auf die relativ „große" Wohnküche mit 16 qm, in der gemeinsam die Mahlzeiten eingenommen wurden und der Arbeiter seinen Mittagsschlaf halten konnte. Für jedes Doppelhaus gab es eine gemeinsame Waschküche im Keller.

nbieten +++ Rat oder Hilfe suchen und anbieten +++ Rat oder Hilfe suchen und anbieten +++ Rat oder Hilfe suchen und anbieten +++ Rat o
+++ Rat oder Hilfe suchen und anbieten **Rat oder Hilfe suchen und anbieten** +++ Rat oder HIlfe suchen und anbie
nbieten +++ Rat oder Hilfe suchen und anbieten +++ Rat oder Hilfe suchen und anbieten +++ Rat oder Hilfe suchen und anbieten +++ Rat o

# Versäumt 11

**A**

**B**

**C**

**D**

1   Was kann man versäumen/verpassen? Nennen Sie Beispiele.

2   Passen die Fotos zu Ihren Beispielen?

**Lernziel: um Rat oder Hilfe bitten sowie Rat und Hilfe anbieten**

→ Hilfe suchen, um Hilfe bitten
→ eine persönliche Notlage beschreiben
→ anderen Ratschläge geben
→ auf die Ratschläge anderer reagieren
→ Ratschläge geben, auf die Ratschläge anderer reagieren –
    beruflicher Kontext
→ Verträge kündigen

**Textsorten**

Gedicht ■ Gespräch ■
Forumsbeiträge ■
Sachtext ■ Erzählung ■
Test ■ Testauswertung ■

## Reisefieber

A

**A1**    Reisefieber? Wie fühlen Sie sich vor einer großen Reise? Erzählen Sie im Kurs.

> Also, ich bin eigentlich immer ganz entspannt, ich freue mich einfach auf ...

> Ich habe immer Angst, dass ...

> Ich gehe immer auf Nummer sicher und ...

1.34

**A2 a**    Hören Sie und lesen Sie das folgende Gedicht. Ergänzen Sie dann spontan den Notizzettel.

```
nachts      aufgeschreckt
                     Zug ist weg

  nein    nur geträumt

            mit einem Schrei
                        wach im Bett

     Zug ist weg!      nein
                   erst halb zwei

   aus dem Bett      Zug verpasst!

        kurz vor drei

  nur keine Hast        schön geträumt?

                        Ja?

      Zug versäumt.
```

*Das Gedicht gefällt mir ..., weil ...
ist ... realistisch, weil ...
ist ... lustig, weil ...*

**b**    Was haben Sie notiert? Tauschen Sie sich zu zweit aus.

**A3**    Der Zug wartet nicht! Welche „Tricks" benutzen Sie, um nicht zu spät zu kommen? Erzählen Sie.

## Pech gehabt?

B

**B a**    Lesen Sie die folgende Frage in einem Forum. Was ist das Problem? Sprechen Sie.

> Hallo,
> ich habe zurzeit einen Handy-Vertrag bei Telefon-Schnell. Leider habe ich die Kündigungsfrist verpasst. Sie beträgt drei Monate. Der Vertrag läuft noch bis 3. 5. Ich hätte also bis zum 3. 2. kündigen müssen. Nun ist diese Frist aber schon abgelaufen. Kann ich da irgendwie widersprechen oder trotzdem noch kündigen oder hab' ich Pech gehabt?
> Danke, Sonja

AB 1–3   →   WORTSCHATZ 1, 2
TEXTE BAUEN 3

**b**    Was glauben Sie: Kann der Vertrag noch rückwirkend gekündigt werden? Sprechen Sie.

**c**    Lesen Sie dann die Antworten auf Seite 126. Waren Ihre Vermutungen richtig? Vergleichen Sie.

# C Wer hat an der Uhr gedreht?

**C1 a** Sehen Sie sich das Foto an.
Was macht der Mann mit der Bahnhofsuhr?
Und warum? Was glauben Sie?
Sammeln Sie Ihre Vermutungen im Kurs.

**b** Lesen Sie den folgenden Text.
Waren Ihre Vermutungen richtig?

Im 19. Jahrhundert wurde Zeitsparen zur Maxime. Drei Wege sollten zu diesem Ziel führen: Geschwindigkeit, Gleichzeitigkeit und Pünktlichkeit. Gleichzeitigkeit wurde in viele Neuerungen der Industriegesellschaft eingebaut. Der Speisewagen zum Beispiel: Anfangs hielten die Fernzüge nämlich noch um die Mittagszeit, damit die Reisenden ein Mahl einnehmen konnten, die Erste Klasse aber konnte von 1880 an simultan speisen und reisen.

Damit aber Geschwindigkeit und Gleichzeitigkeit effektiven Zeitgewinn bringen, ist Pünktlichkeit vonnöten. Mit der taten sich die Menschen anfangs schwer, weshalb manche Bahnhofsvorsteher gerne die Uhr zur Stadt ein paar Minuten vorgehen ließen. Noch schwerer taten sich die vornehmeren Kreise mit der Pünktlichkeit. Sie wollten nicht einsehen, wieso die Bahn, anders als der Chauffeur, nicht auf die Herrschaften warten sollte.

**c** Ist Pünktlichkeit im öffentlichen Verkehr aus Ihrer Sicht wichtig?
Warum? Welche Erfahrungen haben Sie gemacht? Sprechen Sie.

**Adjektive mit Präposition**
**Wortbildung**
GRAMMATIK 6,7

AB 4–7

WORTSCHATZ 4, 5

○ 1.35

**C2** Ein Unglück kommt selten allein!

**a** Hören Sie ein Gespräch in einem Reisezentrum der Bahn und notieren Sie die Antworten auf die folgenden Fragen. Vergleichen Sie dann.

● Was genau ist passiert?
● Was möchte Anna erreichen?

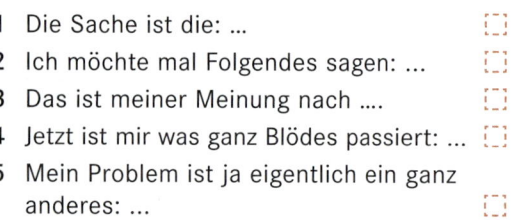

**damit**
GRAMMATIK 8,9

AB 8–10

PHONETIK 10

**b** Hören Sie noch einmal und kreuzen Sie an: Mit welchen Ausdrücken und Wendungen macht Anna deutlich, dass sie jetzt ihre Situation beschreibt?

1 Die Sache ist die: … ⬚
2 Ich möchte mal Folgendes sagen: … ⬚
3 Das ist meiner Meinung nach …. ⬚
4 Jetzt ist mir was ganz Blödes passiert: … ⬚
5 Mein Problem ist ja eigentlich ein ganz anderes: … ⬚
6 Das geht so: … ⬚

7 Die ganze Geschichte ist ja jetzt nur deshalb passiert, weil … ⬚
8 Was ich jetzt damit sagen will: … ⬚
9 Mein Problem ist Folgendes: ⬚
10 Es geht mir weniger um …, sondern mehr um … ⬚
11 Was würden Sie in meiner Situation tun? ⬚
12 Oder genauer: … ⬚

**C3** Arbeiten Sie zu zweit. Wählen Sie jeweils eine der Situationen aus und bearbeiten Sie die Aufgaben.

Situation 1: Flug verpasst! (Seite 130)
Situation 2: Im falschen Zug! (Seite 133)

AB 11–16

WORTSCHATZ 11, 12, 13
SÄTZE BAUEN 14, 15
TEXTE BAUEN 16

**C4** Leider haben Sie keine Hilfe bekommen. Schreiben Sie an die Bahn bzw. an die Fluggesellschaft. Beschreiben Sie, in welcher Situation Sie waren und welche Erfahrungen Sie gemacht haben. (Siehe auch: Beschwerdebrief in Lektion 9.)

**D1** **a** Lesen Sie zuerst die Aufgaben und lesen Sie dann den Text. Kreuzen Sie an:
Haben Sie das gelesen? Ja oder nein?

| | ja | nein |
|---|---|---|
| **Abschnitt A** | | |
| 1 Während der Vorstellung bei einer Schulabschlussfeier spürte jeder, dass mit Baki ein besonderes Talent auf der Bühne stand. | ☐ | ☐ |
| 2 Nach dem Abitur besuchte er eine Schauspielschule, bekam danach kleine Theaterrollen und zog dann als fertiger Schauspieler nach Berlin. | ☐ | ☐ |
| **Abschnitt B** | | |
| 3 Mit 28 hatte er auch schon seine ersten Kinorollen gespielt. | ☐ | ☐ |
| 4 Die Theater- und Filmbranche, aber auch das Publikum interessierten sich sehr für ihn. | ☐ | ☐ |
| 5 Man dachte, dass aus seiner Karriere wohl nichts werden würde. | ☐ | ☐ |
| 6 Baki hätte zwar, obwohl er gerade Vater geworden war, gern viele Rollen angenommen, aber die Angebote wurden immer weniger. | ☐ | ☐ |
| **Abschnitt C** | | |
| 7 Dass er dann gar keine Angebote mehr bekam, fiel ihm aber doch sofort auf. | ☐ | ☐ |
| 8 Baki nahm dann, um sich seinen Lebensunterhalt zu verdienen, verschiedene Jobs an, zuletzt einen als Parkhauswächter. | ☐ | ☐ |
| 9 Baki überlegte sich intensiv, welche anderen Berufschancen er hätte. | ☐ | ☐ |
| 10 Um seine Lebenssituation machte er sich aber keine ernsthaften Sorgen. | ☐ | ☐ |
| **Abschnitt D** | | |
| 11 Baki erkannte das Problem, dass er keine Rollen mehr bekam, reagierte darauf aber überhaupt nicht. | ☐ | ☐ |

# Mein Freund Baki

**A**

(...) Bakis Talent war ohne Vorankündigung auf die Welt gekommen. Es war (...) auf der Abschlussfeier in unserer kleinen Schule in Laufenburg, als er zum ersten Mal in einem Theaterstück mitspielte (...) Ich
5 weiß noch, wie er auf der Bühne die ersten Worte sagte. (...) Baki stand da, in einem Sakko, und sprach leise, mit verhaltenen Gesten. Aber alle hörten ihm zu. In einem Saal voller Leute, von denen die wenigsten ins Theater gingen, war keinem entgangen, dass
10 er etwas hatte, wofür uns damals das Wort fehlte: Präsenz. Auch er selbst hat es erst an diesem Abend entdeckt: dass er die Leute dazu bringen konnte, ihm zuzuhören. In der Oberstufe trat er dann einer Laienspielgruppe bei, und nach dem Abitur ergab es
15 sich, dass er, ohne je eine Schauspielschule besucht zu haben, Rollen an kleinen Theatern bekam. Als er Anfang der Neunzigerjahre nach Berlin zog (...), war längst ein Schauspieler aus ihm geworden. (...)

**B**

Wir hatten (...) gedacht, dass er jetzt groß rauskommt.
20 Das war 1999, da war er 28 und hatte nach ein paar Jahren an kleinen Bühnen in Hannover und Berlin seine beiden ersten Kinorollen bekommen. (...) Er hatte Interviewtermine mit Frauenzeitschriften, Schauspielagenten riefen ihn an, Casting-Direktorin-
25 nen wollten ihn kennenlernen, weil er ein Geheimnis habe, eine Aura, etwas Besonderes. Auf der Berlinale

sprach ihn eine Frau von Miramax an, es fiel das Wort Hollywood.
(...) Doch immer wieder lehnte Baki Angebote ab (...)
30 und er bemühte sich auch sonst nicht um die Filmbranche. Er ging selten auf Partys, wo er Casting-Agenten hätte treffen können, fuhr nicht auf (...) Festivals, saß nicht bei seiner Agentin im Büro, um Karriereschritte zu planen. Sicher auch, weil er kon-
35 zentriert war auf den schwierigen Rollenwechsel, den die Geburt seines ersten Kindes ihm abverlangte. Und weil sich in seinem Berufsleben bis dahin immer alles so ergeben hatte.

**C**

Dass die Angebote ausblieben, hat er zuerst gar nicht bemerkt. Im Jahr 2000 kam noch ein Kinofilm he-
40 raus, der digital gedreht wurde und keinen Verleih fand, was wohl auch besser so war. Aber dann passierte irgendwie nichts mehr. Ein-, zweimal im Jahr eine Nebenrolle, studentische Kurzfilme ohne Gage. Baki wollte kein Sozialhilfeempfänger sein. Um einen Beitrag zur Ernährung seiner Familie zu leisten, jobb-
45 te er als Babysitter, als Barkeeper, als Rezeptionist. Vor vier Jahren nahm er dann einen Job als Parkhauswächter an. In einem Parkhaus am Prenzlauer Berg, auf der Rückseite des Cinemaxx. Im Dunkeln. Ich sah darin eine bittere Metapher für einen arbeitslosen
50 Schauspieler. Wir trafen uns in der Zeit nur alle paar

Monate, meist zufällig, in der Tram, auf der Straße, weil Baki stundenlang durch die Stadt lief. Manchmal klingelte es an meiner Tür, und Baki war da und frag-
55 te, ob ich Lust hätte rauszukommen. Als ob wir zwölf seien, dachte ich. Ich kam mir vor wie eine ältere Freundin. Ich dachte, dass er vielleicht noch mal stu-dieren sollte, Lehramt, da wäre er in wenigen Jahren fertig, oder vielleicht eine Fortbildung zum Web-
60 designer machen. Ich dachte, es ist schwer genug, als Parkhauswächter eine Familie durchzubringen, aber wie wird es im Alter sein, wovon will er leben? Ich machte mir Sorgen, und das Unglaubliche an meinem Freund Baki ist, dass er sich keine Sorgen machte.
65 Einmal hatte er kein Geld, sich etwas zu essen zu kau-fen. Aber er klagte nicht, sondern sprach ohne Ironie von der reinigenden Kraft des Fastens. Immer wenn ich ihn traf, war er seelenruhig. (...)

70

### D

Wäre die Karriere meines Freundes Baki ein klassi-scher Hollywoodfilm, würde er im ersten Drittel ein Problem bekommen – keine Rollen –, das er dann aus eigener Kraft bewältigte, wobei er sich selbst erken-nen und verändern würde. Es war aber nicht so. Baki 75 nahm Problem Nummer eins zur Kenntnis, ohne sich weiter dafür zu interessieren (...). Er sagte, es sei doch eigentlich ein Luxus, jeden Tag stundenlang fast ungestört in einem Raum sitzen zu dürfen und dafür auch noch Geld zu bekommen. 80

**b** Welche Position vertritt die Freundin? Was denken die Freunde?
Lesen Sie die Fragen. Lesen Sie dann den Text noch einmal und machen Sie sich Notizen zu den Antworten. Sammeln Sie die Antworten im Kurs.

– Welche Erwartung haben Bakis Freunde in Bezug auf seine Karriere?
– Welche Wende kann Bakis Freundin (die Ich-Erzählerin) dann beobachten?
– Welche Fehler macht Baki im Hinblick auf seine Karriere nach Meinung der Freundin?
– Warum meint sie, dass seine Existenz ernsthaft in Gefahr ist?

**selbst**
GRAMMATIK 17–19

**c** Wie bewerten Sie Bakis Situation?
Sind die Sorgen seiner Freundin begründet? Sprechen Sie.

AB 17–21

**D2 a** Was hätte Baki nach Meinung seiner Freundin tun können, um sein Leben besser abzusichern oder wieder Schauspielangebote zu bekommen?
Ergänzen Sie.

**hätte tun können**
GRAMMATIK 20, 21

*... Lehramt ...*

Um seine Situation zu verbessern, hätte Baki ...

**b** Überlegen Sie gemeinsam im Kurs: Was hätte Baki noch tun können, um seine Situation zu verändern? Ergänzen Sie das Assoziogramm in a.

**D3**  Gute Ratschläge geben

**1** Suchen Sie sich einen Partner / eine Partnerin. Arbeiten Sie zu zweit.
Wählen Sie jeweils eine Rolle aus (Rollenkarte A oder Rollenkarte B). Lesen Sie Ihre Rollenkarten.

**A** Sie sind Bakis Freundin/Freund und treffen sich mit ihm. Sie machen sich Sorgen um Bakis Leben und seine Zukunft. Obwohl Baki Sie nie darum gebeten hat, möchten Sie ihm gern ein paar Ratschläge geben, wie er seine Zukunfts-chancen verbessern könnte.

**B** Sie sind Baki. Sie treffen sich mit Ihrer Freundin / Ihrem Freund. Sie haben natürlich bemerkt, dass Sie keine Schauspielangebote mehr bekommen, aber das stört Sie nicht sehr. Sie möchten eigentlich keine Ratschläge, weil Sie Ihr Leben ganz gut selbst meistern können.

**2** Was möchten Sie ihm/ihr sagen? Machen Sie sich Notizen.

**3** Sammeln Sie jetzt bekannte Wendungen und Ausdrücke zu Ihren Notizen.
Welche der folgenden passen auch? Wählen Sie dann aus.

**A**

Ich möchte dich gern mal etwas fragen: Wie …? ◼

Ich hoffe, du bist mir nicht böse, aber ich mache mir Sorgen und würde deshalb gern … ◼

Es geht mich ja eigentlich nichts an, aber wir sind doch schon so lange befreundet
und ich habe den Eindruck, du … ◼

Weißt du noch, als ich vor drei Jahren keinen Job gefunden habe?
Da ging es mir so ähnlich wie dir jetzt. Ich habe damals … ◼

Ich habe gehört, dass in ein paar Jahren Lehrer dringend gesucht werden.
Wäre das nicht vielleicht was für dich? ◼

Hättest du nicht wieder Lust, … zu …? ◼

Ich würde vielleicht einfach … ◼ Vielleicht könntest du …

**B**

Mag ja sein, aber ich finde es nicht so schlimm, dass … ◼

Kann schon sein, aber für mich ist das … ◼

Du hast ja eigentlich recht, aber … ◼

Du meinst also, ich sollte …? ◼

Ja, das wäre vielleicht eine Möglichkeit. Ich überleg's mir mal. ◼

Ich habe eben den Anschluss verpasst, so ist das nun mal in dieser Branche. ◼

Ja, meine Situation könnte besser sein, aber … ◼

AB 22–25

**WORTSCHATZ 22**
**SÄTZE BAUEN 23–25**

**4** Führen Sie jetzt das Gespräch.

**D4** Wie es mit Bakis „Karriere" weitergegangen ist, lesen Sie auf Seite 122.
Wie bewerten Sie jetzt Bakis Einstellung?
Verwenden Sie auch die folgenden Wendungen und Ausdrücke.

Ich hätte nicht gedacht, dass er … ◼

Als ob er gewusst hätte, dass … ◼

Als hätte er gewusst, dass … ◼

Er hätte trotzdem aktiv werden müssen: … ◼

Aber was hätte er gemacht, wenn das Angebot nicht gekommen wäre? ◼

Auch wenn die Geschichte am Ende gut ausgeht,
hätte er auch selbst etwas tun sollen: … ◼

Er hätte wenigstens … ◼

Ich hab's kommen sehen: … ◼

Also, ich hätte das nicht gekonnt: … ◼

**kommen sehen**
**GRAMMATIK 26, 27**

AB 26–29

**PHONETIK 28**
**SÄTZE BAUEN 29**

**D5** **a** Halten Sie es für realistisch, dass die Freundin Baki Ratschläge gibt,
ohne danach gefragt worden zu sein?

**b** Wie ist das in Ihrem Land / in Ihrer Kultur?
Erzählen Sie.

● Ist es in Ihrem Land / in Ihrer Kultur üblich, anderen Menschen Ratschläge zu geben?

● Wer darf wem Ratschläge geben und warum / warum nicht?

● Wie geben die Menschen in Ihrem Land / in Ihrer Kultur Ratschläge?
Eher offen oder eher versteckt?

# Fokus Grammatik: *selbst* im Kontext

**1.36**

**1** Ein Wort, mehrere Bedeutungen: *selbst* verstehen

**a** Hören und lesen Sie die folgenden beiden Sätze. Wodurch wurde *selbst* ersetzt? Markieren Sie.

1 „Er hatte Interviewtermine mit Frauenzeitschriften, Schauspielagenten riefen ihn an, *selbst* Casting-Direktorinnen wollten ihn kennenlernen."

2 „Er hatte Interviewtermine mit Frauenzeitschriften, Schauspielagenten riefen ihn an, sogar Casting-Direktorinnen wollten ihn kennenlernen."

**1.37**

**b** Hören und lesen Sie die folgenden beiden Sätze. Wodurch wurde *selbst* ersetzt? Markieren Sie.

3 „Diese Botschaft finde ich beruhigend: Dass man Erfolg und Misserfolg im Leben wohl nur begrenzt *selbst* in der Hand hat."

4 „Diese Botschaft finde ich beruhigend: Dass man Erfolg und Misserfolg im Leben wohl nur begrenzt persönlich, eigenständig in der Hand hat."

**2** Welche Regel passt? Lesen Sie und ordnen Sie zu.

A *selbst* ist eine Partikel und steht vor dem Wort, das sie betont.

B *selbst* ist ein Pronomen und steht hinter dem Wort, das es betont.

1 Der Fahrer selbst blieb unverletzt.
2 Toll, dass in Italien die Geschäfte selbst sonntags recht lange geöffnet sind.
3 Eltern überfordern oft sich selbst und ihre Kinder.
4 Selbst der Notarzt konnte ihm nicht mehr helfen.
5 Alle im Ministerium sind für gesunde Ernährung. Der Minister selbst aber isst am liebsten fette Schweinebraten mit Knödeln.
6 Ein tolles Rezept für die Sacher-Torte – da staunt selbst die Großmutter.

**3** *selbst* in Verbindungen

**a** *selbst* und Partizip II im Kontext. Was bedeutet *selbst* hier? Übersetzen Sie die Beispiele 1–4 in Ihre Muttersprache oder in eine andere Sprache.

1 Holzspiele – selbst gebastelt
2 Für Babys: Gläschennahrung oder Selbstgekochtes? Was ist besser?
3 Brot – selbst gebacken
4 Für die gesunde Ernährung: Quark und Käse, selbst gemacht

**1.38**

**b** *selbst* und *sich*. Lesen Sie und hören Sie die Beispielsätze. Lösen Sie die Aufgabe.

1 Nicht nur die Menschen, sondern auch einige Tiere können sich im Spiegel erkennen.
2 Nicht nur die Menschen, sondern auch einige Tiere können sich selbst im Spiegel erkennen.
3 Die Psychologin beobachtete sich bei dem Treffen mit den Angeklagten genau.
4 Die Psychologin beobachtete sich selbst bei dem Treffen mit den Angeklagten genau.

Welcher Satz ist richtig? Kreuzen Sie an.
*selbst* verstärkt die Bedeutung von *sich*.
*selbst* hat hier eine eigene Bedeutung.

**1.39**

**c** *selbst wenn*. Lesen Sie und hören Sie den Satz. Lösen Sie die Aufgabe.

Welcher Satz ist richtig? Kreuzen Sie an.
*selbst* verstärkt die Bedeutung des Bedingungssatzes.
*selbst* schwächt die Bedeutung des Bedingungssatzes ab.

> Selbst wenn ich morgen noch Fieber habe, gehe ich wieder zur Arbeit.

**1.40**

**4** In der Umgangssprache sagt man oft *selber* für *selbst* (Pronomen). Hören Sie drei typische Wendungen und sprechen Sie nach.

1 Muss ich denn alles selber machen?
2 Da kann ich dir wirklich nicht helfen. Das Problem musst du schon selber lösen.
3 Autounfall: Wann zahlt besser die Versicherung? Wann sollte man selber zahlen?

AB 30

1.41

**1 a** Lesen Sie und hören Sie Auszüge aus einem Gespräch über Baki. Beachten Sie die unterstrichenen Satzteile. Was drücken diese Sätze aus? Ordnen Sie zu.

**A** irrealer Wunsch   **B** irreale Bedingung   **C** Feststellung

1 Hätte ich nicht gedacht, dass Baki am Ende doch noch Erfolg hat.
2 Aber ich finde, dass er trotzdem anders hätte handeln müssen.
3 Was hätte er denn gemacht, wenn er dieses Angebot nicht bekommen hätte?
4 Also, ich hätte das nicht gekonnt, so ruhig bleiben und abwarten, bis etwas passiert.
5 Er hat zwar Glück gehabt mit dem Angebot, aber er hätte doch viel früher selbst etwas tun sollen.
6 Ja, er hätte zum Beispiel auf Partys gehen sollen, wo er Casting-Agenten hätte treffen können.
7 Hätte ich mich doch nicht eingemischt. Jetzt bin ich der Depp.

**b** *hätte gekonnt* oder *hätte ... können*? Modalverb (M) oder normales Verb (Vollverb = V)? Ordnen Sie zu.

1 Wie leicht hätte es auch anders kommen können: Autofahrer erzählen über gefährliche Verkehrssituationen.
2 Das hätte ins Auge gehen können.
3 Das hätte jeder voraussehen können, wenn er gewollt hätte.
4 Ich hätte gekonnt, wenn ich gewollt hätte. Aber im letzten Augenblick habe ich abgesagt.
5 Allein hätte ich das nie gekonnt.

**2** Sieht aus wie ein Infinitiv, ist aber keiner.

**a** Lesen Sie die Beispiele. Lösen Sie danach die Aufgaben in b und c.

1 Wie leicht hätte es auch anders kommen können: Autofahrer erzählen über gefährliche Verkehrssituationen.
2 Das hätte ins Auge gehen können.
3 Das hätte jeder voraussehen können, wenn er gewollt hätte.
4 Ich hätte gekonnt, wenn ich gewollt hätte. Aber im letzten Augenblick habe ich abgesagt.
5 Allein hätte ich das nie gekonnt.

**b** Sehen Sie sich die markierten Formen an und kreuzen Sie an.

| | blau | gelb | grün |
|---|---|---|---|
| 1 Die Partizip-II-Formen von Modalverben sind | | | |
| 2 Die Verben, die bei Modalverben immer im Infinitiv stehen, sind | | | |
| 3 Die Modalverben im Infinitiv, die in der Position von Partizip-Perfekt-Formen stehen, sind | | | |

**c** Wie lautet die Regel richtig? Entscheiden Sie und kreuzen Sie an.

Für die Bildung von Perfekt / Plusquamperfekt und der Vergangenheitsform des Konjunktivs mit *haben* und *sein* gilt: ...

1 *können, wollen, müssen* als Vollverb (ohne weiteres Verb)
a ☐ stehen im Infinitiv.       b ☐ stehen im Partizip II.

2 *können, wollen, müssen*, als Modalverb (mit einem Vollverb)
a ☐ stehen im Infinitiv.       b ☐ stehen im Partizip II.

**3** Diese Verben können sich wie Modalverben verhalten.
Ergänzen Sie die korrekte Form der folgenden Verben.

hören ◦ sehen

1 Die schöne Hochzeit total verhagelt! Aber ich hab's ja kommen ........................: Wer plant schon im April ein Gartenfest in unseren Breitengraden?
2 Meinst du, er bleibt noch lange weg? – Wieso? Er ist doch schon da. Ich hab' ihn gerade lachen ........................!
3 Die Tiere haben ihr Ende schon vor dem Höhepunkt der Dürrekatastrophe kommen ........................ .

AB 31

# E  Das mache ich morgen. Versprochen!

**E1 a** Welches Sprichwort hat welche Aussage? Ordnen Sie zu.

**A** Man sollte alle Aufgaben immer sofort erledigen.
**B** Manche Aufgaben darf man ruhig mal langsamer angehen oder aufschieben.
**C** Man sollte seine Aufgaben in Ruhe erledigen.

Gut' Ding will Weile haben. ☐

Was du heute kannst besorgen, das verschiebe
 nicht auf morgen. ☐

Alles zu seiner Zeit. ☐

Kommt Zeit, kommt Rat. ☐

Wer nicht anfängt, wird nicht fertig. ☐

Der frühe Vogel fängt den Wurm. ☐

Eile mit Weile. ☐

Erst die Arbeit, dann das Vergnügen. ☐

Warte nie, bis du Zeit hast! ☐

Wenn du schnell ans Ziel willst, gehe langsam. ☐

**b** Welches Motto in a entspricht Ihnen am ehesten: A, B oder C?
Sprechen Sie und geben Sie auch Beispiele.

**E2** Lesen Sie den Text. Welches Wort beschreibt den „Erzähler" am besten?

Ich nehme mir seit Jahren vor, meine Steuer zu machen. Jedes Wochenende. Stattdessen putze ich Fenster, wische Böden, sortiere alte Kleidung aus und sortiere Zahnstocher nach Länge. Lauter Ersatztätigkeiten, die ich nie gemacht hätte, stünden sie „offiziell" auf meiner To-do-Liste, die mir aber das Gefühl geben, ja doch „etwas Sinnvolles" getan zu haben. Die Steuer kann ich dann ja nächstes Wochenende machen, aber dann ganz bestimmt.

Der Erzähler ist in dieser Situation ein typischer ... Aufschieber ☐ Macher ☐.

**E3** Sind Sie ein typischer Aufschieber? Wollen Sie es wissen?
Dann machen Sie den folgenden Test! (Die Auswertung finden Sie auf Seite 132.)

## ©H.-W. Rückert Fragebogen: Sind Sie ein notorischer Aufschieber?

Der folgende Fragebogen hilft Ihnen dabei, herauszufinden, wie sehr das Aufschieben bei Ihnen zur Gewohnheit geworden ist, die durch falsche Einstellungen zu Leistung und Aufgabenerledigung hervorgerufen wird. Was trifft auf Sie zu? Kreuzen Sie an.

| | Stimmt genau (2 Punkte) | Stimmt teilweise (1 Punkt) | Stimmt gar nicht (0 Punkte) |
|---|---|---|---|
| ① Ich erledige Dinge meistens auf den letzten Drücker. | 2 | 1 | 0 |
| ② Bevor ich mit einer wichtigen Sache anfange, muss ich erst aufräumen und abwaschen. | 2 | 1 | 0 |
| ③ Man sollte nur Sachen machen, zu denen man voll motiviert ist. | 2 | 1 | 0 |
| ④ Ich bin ein eher spontaner Typ und mag mich nicht festlegen. | 2 | 1 | 0 |
| ⑤ Ich nehme mir immer wieder etwas vor, aber halte mich dann nicht daran. | 2 | 1 | 0 |
| ⑥ Für mich zählen nur perfekte Ergebnisse. | 2 | 1 | 0 |
| ⑦ Bei Schwierigkeiten heißt es bei mir: Augen zu und durch! | 2 | 1 | 0 |
| ⑧ Ich habe oft einfach zu viel um die Ohren. | 2 | 1 | 0 |
| ⑨ Ich kann einfach nicht abschalten, sondern muss immer an alle unerledigten Sachen denken. | 2 | 1 | 0 |
| ⑩ Ich habe wegen meines Aufschiebens schon private oder berufliche Nachteile gehabt. | 2 | 1 | 0 |

**E4** Wenn das Aufschieben zum Problem wird ...

**a** Lesen Sie die folgende Situation.

> Sie arbeiten zu dritt in einem Team. Ihre Teamkollegin / Ihr Teamkollege ist ein typischer Aufschieber.
> Ständig bleibt das Projekt stecken, weil sie/er ihre/seine Arbeiten zum Projekt nie pünktlich abgeben
> kann. Sie ärgern sich immer wieder darüber. Sie überlegen, wie Sie das Problem lösen können, und
> beschließen, mit der Kollegin/dem Kollegen zu reden.

**b** Setzen Sie sich zu zweit zusammen.
Welche Probleme kann das Team bekommen? Machen Sie sich Notizen.
Die folgenden Punkte können Ihnen dabei helfen.

Mögliche Probleme

Termine nicht einhalten können ▪ nicht fertig werden ▪ Probleme mit dem Chef /
mit dem Abteilungsleiter / ... ▪ sich bei der Präsentation der Ergebnisse blamieren ▪
keine Prämie / keine Beförderung / kein gutes Zeugnis / ... bekommen ▪ ...

**c** Welche Ratschläge könnten Sie dem „Aufschieber" geben?
Machen Sie sich Notizen. Die folgenden Punkte können Ihnen dabei helfen.

Mögliche Ratschläge

To-do-Liste schreiben ▪ jeden Morgen gemeinsam einen Arbeitsplan für den Tag erstellen ▪
Erinnerungsfunktion im Computer / Handy nutzen ▪ ...

**d** Welche Argumente könnte der „Aufschieber" haben?

Mögliche Reaktionen

zu viele Aufgaben auf einmal ▪ keine klaren Termine ▪ zu oft krank ▪ Probleme mit ... haben ▪ ...

**e** Wie könnten Sie Ihr Anliegen formulieren? Was könnte Ihre Teamkollegin /
Ihr Teamkollege antworten? Schreiben Sie einen Dialog mit den beiden Rollen
*Kollegin/Kollege* und *Aufschieber*. Benutzen Sie auch die Wendungen und Ausdrücke
aus dieser Lektion.

◆ Ehm, Thomas, wir würden gern mal mit dir reden.
▼ Ach ja, was gibt es denn?
◆ Ja, also, weißt du, wir haben folgendes Problem: ...

**E5** Jeweils zwei Partnergruppen arbeiten zusammen.
Eine Partnergruppe spielt ihren Dialog, während die andere Partnergruppe
die Rolle des Beobachters übernimmt.

Sind Wendungen und Ausdrücke verwendet worden, mit denen

● eine Situation / ein Problem dargestellt wird?
● Ratschläge gegeben werden?
● auf Ratschläge reagiert wird?

Welche Wendungen fanden Sie besonders gut / passend?

Rat oder Hilfe suchen und anbieten

### eine schwierige Situation beschreiben

Die Sache ist die: ...
Jetzt ist mir was ganz Blödes passiert: ...
Ich habe folgendes Problem ... / Mein Problem ist jetzt folgendes: ...
Die ganze Geschichte ist ja jetzt nur deshalb passiert, weil ...
Was ich jetzt damit sagen will: ...
Es geht mir weniger um ..., sondern mehr um ...
Was würden Sie in meiner Situation tun?
Oder genauer: ...

### Ratschläge geben

Ich möchte dich gern mal etwas fragen: Wie ...?
Ich hoffe, du bist mir nicht böse, aber ich mache mir Sorgen und würde deshalb gern ...
Es geht mich ja eigentlich nichts an, aber wir sind doch schon so lange befreundet, und
    ich habe den Eindruck, dass ... / du ...
Weißt du noch, als ich vor drei Jahren ... habe? Da ging es mir so
    ähnlich wie dir jetzt. Ich habe damals ...
Ich habe gehört, dass in ein paar Jahren ... gesucht werden.
    Wäre das nicht vielleicht was für dich?
Hättest du nicht wieder Lust, ... zu ...?
Ich würde vielleicht einfach ...
Vielleicht könntest du so ...

### auf Ratschläge reagieren

Mag ja sein, aber ich finde es nicht so schlimm, dass ...
Kann schon sein, aber für mich ist das ....
Du hast ja eigentlich recht, aber ...
Du meinst also, ich sollte ...?
Ja, das wäre vielleicht eine Möglichkeit. Ich überleg's mir mal.
Ich habe eben ..., so ist das nun mal ...
Ja, meine Situation könnte besser sein, aber...

### etwas im Nachhinein bewerten

Hätte ich nicht gedacht, dass er ...
Als ob er gewusst hätte, dass ...
Als hätte er gewusst, dass ...
Er hätte trotzdem anders handeln müssen: ...
Er war sich doch nicht sicher, dass ..., und deshalb hätte er ...
Aber was hätte er gemacht, wenn ...?
Auch wenn die Geschichte am Ende gut ausgeht, hätte er auch selbst etwas tun sollen:
    Er hätte wenigstens ...
Also, ich hätte das nicht gekonnt: so ruhig bleiben und abwarten, bis etwas passiert.
Ich hätte an seiner Stelle ...

## selbst im Kontext

### selbst

| | |
|---|---|
| sogar | Alle fanden die Idee gut, **selbst** (sogar) der alte Kaiser war einverstanden. |
| nicht einmal | Niemand war dafür, **selbst** unser Hausoptimist **nicht**. |
| persönlich/eigenständig | Ich brauche keine Handwerker, ich mache alles **selbst**. |
| | Umgangssprache: Ich mache alles **selber**. |

### sich selbst

Also, unsere kleine Tochter zieht **sich** schon **selbst** an.

### selbst wenn

**Selbst wenn** du mich noch zehnmal anrufst: Ich werde nicht mit dir ausgehen, verstehst du!

## irreale Sätze (Vergangenheit)

| Vergangenheitsform Indikativ | | Vergangenheitsform Konjunktiv II |
|---|---|---|
| Ich **traf** ihn gestern. | Präteritum | |
| Ich **habe** ihn gestern **getroffen**. | Perfekt | Ich **hätte** ihn gestern **getroffen**.[1] |
| Ich **hatte** ihn gestern **getroffen**. | Plusquamperfekt | |
| Sie **kam** pünktlich. | Präteritum | |
| Sie **ist** pünktlich **gekommen**. | Perfekt | Sie **wäre** pünktlich **gekommen**.[2] |
| Sie **war** pünktlich **gekommen**. | Plusquamperfekt | |
| mit Modalverben | | |
| Ich **musste** das **tun**. | Präteritum | |
| Ich **habe** das **tun müssen**. | Perfekt | Ich **hätte** das **tun müssen**.[3] |
| Ich **hatte** das **tun müssen**. | Plusquamperfekt | |
| Ich **konnte** das. | Präteritum | |
| Ich **habe** das **gekonnt**. | Perfekt | Ich **hätte** das **gekonnt**.[4] |
| Ich **hatte** das **gekonnt**. | Plusquamperfekt | |

Realität hinter diesen Sätzen:

[1] Ich habe ihn gestern nicht getroffen.
[2] Sie ist nicht pünktlich gekommen.
[3] Ich habe das aber nicht getan.
[4] Ich hätte das gekonnt, habe es aber nicht gemacht.

## Perfekt: hören und sehen nach einem Infinitiv

Ich habe dich Gitarre **spielen hören**.
Sie hat schon viele Leute **gehen sehen**.

## damit als Pronomen (Verweiswort)

Und hier ist unser neues Computerprogramm. **Damit** steigern Sie die Leistungsfähigkeit Ihres Rechners um 100 Prozent!

Dramatische Kursgewinne bei den Strengdichan-Aktien. **Damit** hatte keiner gerechnet.

## Adjektive mit Präposition

Ich **bin an** diesem Modell sehr **interessiert**.
**Mit** dieser Tätigkeit **tue** ich **mich** immer sehr **schwer**.
Ich **habe** es nicht **leicht mit** dir.

## Wortbildung: Nomen

**mehrere Nomen**
der Bahnhofsvorsteher    die Bahn + der Hof + der Vorsteher

**Nomen und Verb**
das Zeitsparen    die Zeit + sparen

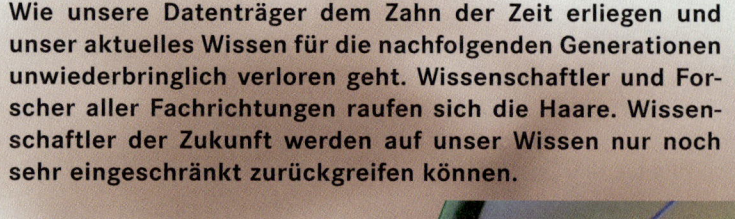

Wie unsere Datenträger dem Zahn der Zeit erliegen und unser aktuelles Wissen für die nachfolgenden Generationen unwiederbringlich verloren geht. Wissenschaftler und Forscher aller Fachrichtungen raufen sich die Haare. Wissenschaftler der Zukunft werden auf unser Wissen nur noch sehr eingeschränkt zurückgreifen können.

In Stein gemeißelte Inschriften überstehen mühelos mehrere Jahrtausende und geben uns heute Auskunft über die Kulturen, die sie hervorgebracht haben. Aber: Ihre Vervielfältigung war mühsam, der Platzbedarf enorm und die Mobilität gleich null.

Das hier Gespeicherte hat wohl die kürzeste Lebensdauer überhaupt: lesen, löschen oder lesen, antworten, senden, löschen. Wo werden wir in hundert Jahren historisch interessante Korrespondenzen finden?

Pergament – hier eine mittelalterliche Handschrift – kann bei sachgerechter Lagerung weit mehr als 1000 Jahre überstehen. Teuer und aufwendig in der Herstellung, taugte es zu seiner Zeit als exklusiver Daten-Träger für wenige des Lesens Kundige.

„Lebenslanges Höroder Lesevergnügen" versprachen die ersten im Booklet. Heute finden sich solche Angaben nicht mehr. Nicht nur selbst gebrannte CDs verlieren die gespeicherten Informationen im Laufe der Zeit. Fachleute halten einen Umkopierzyklus von über zehn Jahren für fahrlässig. Egal ob Hör- oder Lesedateien.

Bücher aus herkömmlichem Papier, das aus Lumpen hergestellt wurde, bleiben über Jahrhunderte benutzbar. Aber als man im 19. Jahrhundert für den Buchdruck und für Akten immer mehr Papier benötigte, erfand man das Papier aus Holz. Keiner dachte daran, dass dieses säurehaltige Papier eine Haltbarkeit von höchstens hundert Jahren hat. Auch wenn seit 1980 kaum noch säurehaltiges Papier hergestellt und für den Buchdruck verwendet wird, sind ungefähr 70 % der Bibliotheksbestände vom Verfall bedroht.

Das digitalisierte Buch, auf E-Books oder auf herkömmlichen Computern lesbar, macht die eigene Bibliothek transportierbar. Aber, auch wenn man alle wichtigen Bücher schnell zur Verfügung hat, eine langfristige Bestandssicherung bieten die digitalisierten Bücher nicht.

Disketten waren mit ihrer Anfälligkeit für Staub und Magnetfelder nie ein sicherer Speicherort für wichtige Dateien. Sind sie nach ein paar Jahren noch erhalten – und besorgt sich der Besitzer das passende Laufwerk –, bleibt die Frage, welche Software sie noch erkennt.

+++ Vereinbarungen treffen +++ Vereinbarungen treffen +++ Vereinbarungen treffen +++ Vereinbarungen treffen +++ Vereinbarungen tref
reffen +++ Vereinbarungen treffen +++ **Vereinbarungen treffen** +++ Vereinbarungen treffen +++ Vereinbarungen treffen
+++ Vereinbarungen treffen +++ Vereinbarungen treffen +++ Vereinbarungen treffen +++ Vereinbarungen treffen +++ Vereinbarungen tref

# Geschafft

**12**

**C**

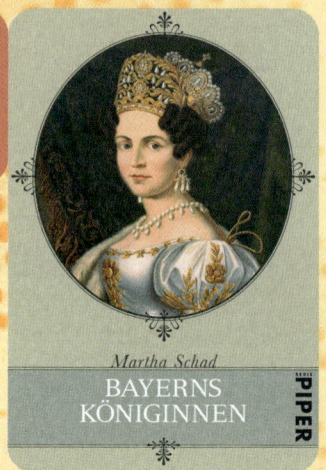

**B**

**A**

**E**

**D**

**1**  In welchen Situationen kann man „Geschafft!" rufen?

**2**  Was haben die Fotos mit dem Thema „Geschafft" zu tun?

**Lernziel:  Vereinbarungen treffen im beruflichen und halbberuflichen Kontext**

→ Informationen über rechtliche Bestimmungen verstehen
→ den persönlichen Werdegang beschreiben
→ über den Werdegang einer Person sprechen
→ Stellenangebote verstehen
→ sich beschweren, wenn Vereinbarungen nicht eingehalten werden
→ Maßnahmen vorschlagen, begründen und sich auf Maßnahmen einigen
→ Lebenslauf schreiben (→AB)
→ im Bewerbungsgespräch bestimmte Dinge vereinbaren (→AB)

**Textsorten**

Nachrichten auf der Mailbox ▮
Informationstext ▮
Stellenbeschreibung ▮
Information über Gesetzeslage ▮
Interview ▮ Gespräch ▮
Gesetzestext ▮ Infotext ▮
Nachrichten ▮

# Geschafft! – Oder doch nicht?

**A1** Was könnten diese Personen gerade „geschafft" haben? Lesen Sie in ihren Gesichtern und notieren Sie Ihre Vermutungen. Vergleichen Sie dann im Kurs. Sprechen Sie.

> Ich könnte mir vorstellen, dass ..., weil ...

> Ich glaube ja eher, ...

> Möglich, oder aber er/sie ...

> So, wie die/der aussieht, ...

2.2

**A2** Neue Nachrichten auf Ihrer Mailbox. Hören Sie und ordnen Sie zu, wovon die jeweilige Person spricht. Kreuzen Sie auch an, ob die Person es geschafft hat.

**A** Rauchen aufgeben ■ **B** DVD-Player einstellen ■ **C** Arbeiten im Haushalt ■
**D** Wettkampf ■ **E** Job ■ **F** Berggipfel ■ **G** Treffen am Bahnhof ■ **H** Führerschein

|  |  | nicht geschafft | geschafft |
|---|---|---|---|
| Person 1 | ☐ | ☐ | ☐ |
| Person 2 | ☐ | ☐ | ☐ |
| Person 3 | ☐ | ☐ | ☐ |
| Person 4 | ☐ | ☐ | ☐ |
| Person 5 | ☐ | ☐ | ☐ |
| Person 6 | ☐ | ☐ | ☐ |
| Person 7 | ☐ | ☐ | ☐ |
| Person 8 | ☐ | ☐ | ☐ |

**A3 a** Was würden Sie den Personen antworten? Schreiben Sie jeder Person (1–8) eine SMS. Arbeiten Sie zu zweit.

**b** Tragen Sie Ihre Vorschläge zusammen und vergleichen Sie.

# B   Ihr Zeugnis bitte!

**B1**  **a**  Jeder besitzt Zeugnisse, Zertifikate. Warum sind sie wichtig? Sammeln Sie im Kurs.

**b**  Lesen Sie. Muss man in Ihrem Heimatland für die folgenden Tätigkeiten eine spezielle
Prüfung machen oder ein Zeugnis haben? Und in Deutschland, Österreich oder der Schweiz?
Was glauben Sie? Kreuzen Sie an. Vergleichen Sie dann im Kurs.

|  | Heimatland | deutschsprachiger Raum |
|---|---|---|
| Auto fahren | ☐ | ☐ |
| an der Universität studieren | ☐ | ☐ |
| Fahrrad fahren | ☐ | ☐ |
| tanken | ☐ | ☐ |
| einen Wasserhahn in der Küche reparieren | ☐ | ☐ |
| Sport unterrichten | ☐ | ☐ |
| in einer Band spielen | ☐ | ☐ |
| als Babysitter arbeiten | ☐ | ☐ |
| als Dolmetscher tätig sein | ☐ | ☐ |
| als Verkäufer arbeiten | ☐ | ☐ |

**c**  Welche neuen Prüfungen sollten Ihrer Meinung nach eingeführt werden?
Sammeln Sie im Kurs.

AB 1, 2 → WORTSCHATZ 1, 2

**d**  Je mehr, desto besser? Welche Bedeutung haben Zeugnisse Ihrer Meinung nach?
Hat man mit mehr Zeugnissen bessere Chancen? Sprechen Sie im Kurs.

**B2**  Vom Auszubildenden zum Konditoreibesitzer

**a**  Welche Voraussetzungen muss man mitbringen? Lesen Sie und
markieren Sie alle Voraussetzungen. Tragen Sie sie dann in die Tabelle ein.

AB 3–5 → je … desto … GRAMMATIK 3–5

| individuelle Voraussetzungen | nachweisbare Voraussetzungen (Zeugnis, …) |
|---|---|
|  |  |

Vorhanden sein sollte ein erfolgreich abgeschlossener Hauptschulabschluss bzw. ein Realschulabschluss oder Abitur. Haben Sie außerdem noch Geschick im Dekorieren und Gestalten? Haben Sie einen guten Geschmack ⁵und ausgeprägten Geruchssinn? Haben Sie viel Fantasie und können auch unter Zeitdruck optimale Qualität nachweisen? Halten Sie es sehr genau mit Sauberkeit und Hygiene? Dann ist dieser Ausbildungsberuf genau das Richtige für Sie! Wegen des ständigen Umgangs mit ¹⁰Lebensmitteln sollten Sie unbedingt allergie- / ekzemfrei und gesund sein. Und je besser Sie im Umgang mit Zahlen sind, desto sicherer ist Ihnen der Erfolg in unserem Handwerk.

Für das Konditorenhandwerk ist die neue Meisterprüfungsverordnung erlassen worden, mit der sowohl die ¹⁵Prüfungsanforderungen an neue handwerkliche Entwicklungen angepasst wurden als auch die für eine erfolgreiche Betriebsführung erforderliche Kundenorientierung besonderes Gewicht erhalten hat. Das Konditorenhandwerk gehört, ebenso wie die übrigen ²⁰Lebensmittelhandwerke, weiterhin zu den zulassungspflichtigen Handwerken der Anlage A der Handwerksordnung, für deren selbstständige Ausübung die Meisterprüfung obligatorisch ist.

**b**  Welche nachweisbaren Voraussetzungen muss ein Handwerker in Ihrem Heimatland /
in einem Land, das Sie gut kennen, haben, um seinen eigenen Betrieb zu eröffnen?
Machen Sie Notizen und sprechen Sie im Kurs.
Verwenden Sie auch folgende Wendungen und Ausdrücke.

Soviel ich weiß, muss man … ■ Soweit ich weiß, muss man … ■
Ich frage mich, ob man das vergleichen kann. Bei uns … ■
Selbstverständlich muss man / sollte man auch bei uns … ■ Aber man kann dann …

AB 6, 7 → PHONETIK 6 SÄTZE BAUEN 7

# Der Weg zum Erfolg

**C1** Welche typischen Ziele könnte eine Person erreicht haben, die es „geschafft" hat?
Sammeln Sie im Kurs.

2.3–5

**C2 a** Lesen Sie die folgenden Aussagen. Hören Sie dann das Gespräch.
In welcher Reihenfolge werden die Themen angesprochen?
Nummerieren Sie die Aussagen.

a ☐ Frau Schad hat als Kind ein Gymnasium besucht und es dann nach
der mittleren Reife verlassen.

b ☐ Sie hat promoviert. Ihre Doktorarbeit wurde veröffentlicht und verfilmt.
Das war der Start zur Berufsschriftstellerin.

c ☐ Frau Schad hat schon zahlreiche Bücher über starke und
interessante Frauen geschrieben.

d ☐ Sie fand eine Anstellung als Universitätssekretärin.

e ☐ Danach hat sie noch viele weitere Bücher geschrieben und arbeitet auch
wieder an einem neuen Projekt.

f ☐ Sie machte das Begabtenabitur und fing ein Studium an.

g ☐ Sie hat dann als Universitätsdozentin die Frauenforschung begründet.

h ☐ Nach vierzehn Jahren Ehe und Kindererziehung kam die Scheidung.

2.3–5

**b** Lesen Sie die Aufgaben.
Hören Sie dann das Gespräch noch einmal und kreuzen Sie die richtigen Antworten an.

1 Frau Schad hat als Kind das Gymnasium nur bis zur mittleren Reife besucht,
a ☐ weil sie vorhatte, ins Ausland zu gehen.
b ☐ weil die Eltern meinten, dass sie eine Ausbildung zur Beamtin machen sollte.

2 Frau Schad hat sich dann aber durchgesetzt.
a ☐ Sie ist ins Ausland gegangen, um zu arbeiten.
b ☐ Sie ist ins Ausland gegangen, um Sprachen zu lernen.

3 Die Mutter hat Martha Schad so erzogen, dass sie alles besonders gut machen musste.
a ☐ Deshalb hat sie sich dann nicht getraut, sich große Ziele zu setzen.
b ☐ Deshalb konnte sie sich große Ziele setzen und daran arbeiten.

4 Martha Schad war dann vierzehn Jahre „nur" Hausfrau, Mutter und Ehefrau.
a ☐ Sie war so erzogen und hat das gemacht, obwohl sie es eigentlich gar nicht wollte.
b ☐ Sie war so erzogen und hat das gemacht, weil sie es selbst auch so wollte.

5 Der Wendepunkt im Leben der Schriftstellerin kam mit der Scheidung 1975.
a ☐ Sie wurde Sekretärin am Sprachenzentrum der Universität Augsburg.
b ☐ Sie begann gleich danach mit einer Ausbildung zur Sekretärin am Sprachenzentrum
der Universität Augsburg.

6   Sie hat dann mit über vierzig ein Studium begonnen. Dafür

a ☐ brauchte sie aufgrund ihres Alters kein Abitur mehr nachzuweisen und
konnte mit einer Sondergenehmigung studieren.

b ☐ musste sie das Abitur nachmachen, wozu sie eine Sondergenehmigung brauchte.

7   Sie hat dann „typische Frauenfächer" studiert: Geschichte und Kunstgeschichte, weil

a ☐ sie sich wirklich dafür interessiert hat.

b ☐ ihr dazu geraten wurde.

8   Martha Schad war nach dem Studium so erfolgreich, weil sie interessante Bücher
über Frauen schrieb.

a ☐ Und das hat sie gemacht, obwohl ihr ein Verlagsfachmann davon abgeraten hatte.

b ☐ Und das hat sie gemacht, weil ein Verlagsfachmann sie dazu ermuntert hatte.

9   Martha Schad hat ein Lebensmotto gefunden, das auch zu ihrem Leben passt:
„Alles im Leben hat seine Zeit."

a ☐ Das Motto bedeutet, dass es für alles die passende Zeit gibt.

b ☐ Das Motto bedeutet, dass man die Zeit für seine Ziele selbst bestimmen muss.

AB 8–11 ▶ WORTSCHATZ 8
SÄTZE BAUEN 9, 10
TEXTE BAUEN 11

**C3**

**(a)** Entspricht Frau Schad Ihrer Vorstellung von einer Person, die es „geschafft" hat?
Vergleichen Sie mit Ihren Ergebnissen in C1.
Machen Sie sich Notizen.

**(b)** Sprechen Sie im Kurs und vergleichen Sie.
Verwenden Sie auch die folgenden Wendungen und Ausdrücke.
(Die meisten sind Ihnen gut bekannt.)

> Ich bin ganz Ihrer/deiner Meinung, ich denke/meine/… auch, dass … ■
> Ich bin derselben Meinung wie … ■
> Damit bin ich nicht einverstanden, ich finde eher, dass … ■
> Ich bin nicht Ihrer/deiner/dieser Meinung, ich glaube vielmehr, dass … ■
> Im Gegenteil, das ist doch toll /…, dass … ■ Ja, mag sein, aber … ■
> Eigentlich hatte sie das doch gar nicht vor, … ■
> Ich frage mich, ob das jeder schaffen könnte /
>    ob sie das nicht nur gemacht hat, weil … ■
> Ich halte das eher für einen Zufall, dass … ■
> Ich habe den Eindruck, dass … ■
> Ich habe das Gefühl, dass … ■
> Mir scheint es so zu sein, dass … ■
> Das sehe ich ganz anders.

AB 12–14 ▶ SÄTZE BAUEN 12
TEXTE BAUEN 13
PHONETIK 14

**C4**

Über den Werdegang und Zukunftspläne schreiben
Entscheiden Sie sich für eine der beiden Aufgaben.

**A**

Was haben Sie in Ihrem Leben bisher geschafft?
Was möchten Sie noch erreichen? Schreiben Sie.

**B**

Was hat eine Person (die Sie kennen / aus dem
öffentlichen Leben) bisher geschafft? Wissen Sie,
was sie noch erreichen möchte? Schreiben Sie.

## Ein Kunstwerk geschaffen?

**D1** **a** Sehen Sie sich die folgenden Fotos an. Welchem Bereich würden Sie die beiden Fotos am ehesten zuordnen?

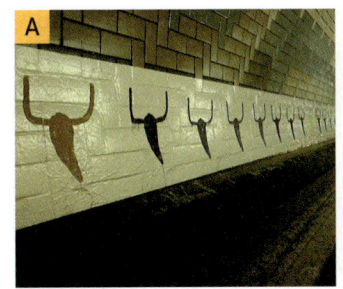
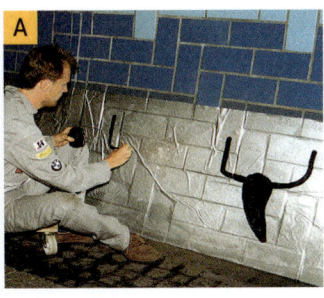

Integrationsmaßnahme für Jugendliche ☐
Sportereignis ☐ Kunstereignis ☐
Stadtverschönerung ☐ Selbstverwirklichung ☐
Aktion eines Künstlers ☐ Graffiti-Workshop ☐

2.6
**b** Hören Sie jetzt einen Beitrag aus einer Radiosendung. War Ihre Zuordnung in a korrekt?

**c** Wie finden Sie diese Aktion? Sprechen Sie im Kurs.

**D2** Graffiti: Kunst oder Straftat?

**a** Haben Sie Erfahrungen mit Graffiti?
Wo haben Sie Graffiti gesehen?
Wie fanden Sie die?
Wie waren die Reaktionen
in der Öffentlichkeit?
Sprechen Sie.

**b** Arbeiten Sie zu zweit.

1 Überlegen Sie: Welche Folgen haben Graffiti für die Städte, für die Hausbesitzer? Machen Sie sich Notizen.

2 Graffiti werden in der Regel von Jugendlichen gesprayt.
Wie sollte man mit den Jugendlichen und ihren Arbeiten umgehen?
Sammeln Sie Vorschläge (siehe auch Seite 124). Notieren Sie die fünf besten.
Notieren Sie auch, warum Sie die Vorschläge gut finden.

AB 15–21

> **Verben mit abtrennbaren und festen Vorsilben**
> **Nomen-Verb-Verbindungen**
> GRAMMATIK 15–21

3 Mit welchen Maßnahmen könnte man reagieren?
Formulieren Sie Ihre Vorschläge (mit Ihren Ergebnissen von 2 ) auf einem Notizzettel.
Beispiel:

*Als wichtigste Maßnahmen sehen wir folgende Schritte an:*
*Wir würden als Erstes festlegen, dass ... Wichtiger ist es zu überlegen, warum ....*
*Deshalb würden wir ... anbieten, an denen jeder Jugendliche teilnehmen kann.*
*Hier lernen ..., wie man ..., ... aber auch, warum ... Dann würden wir Wettbewerbe ...*

**c** Bilden Sie nun Vierergruppen. Tragen Sie Ihre Vorschläge vor.
Diskutieren Sie dann gemeinsam darüber: Sind sie sinnvoll?
Verwenden Sie auch die folgenden Wendungen und Ausdrücke.

AB 22  SÄTZE BAUEN 22

Selbstverständlich muss man ... ◻ Es steht für mich (aber) fest, dass ... ◻
Ich behaupte aber, dass ... hilft / nicht hilft. ◻ Glauben Sie mir, ... ◻
Sie können mir glauben, dass ... ◻ Ich frage mich, ob ... ◻
Ich finde den Vorschlag von ..., ... zu ..., wirklich gut. ◻ ... hat ... gute /
schlechte Erfahrungen gemacht ◻ ... klingt interessant / gut / ...
Man müsste es mal ausprobieren.

---

## Fokus Grammatik: Wo können die Satzteile stehen? Der Blick von hinten

---

**1 a** Lesen Sie die Sätze. Wo hat sich die Wortstellung in Satz 2 und Satz 3 geändert? Markieren Sie wie im Beispiel.

1 Stell dir vor, ich habe den Job sofort bekommen!
2 Stell dir vor, ich habe sofort einen Job bekommen!
3 Stell dir vor, ich habe ihn sofort bekommen!

**b** In welchen beiden Sätzen ist die Wortstellung gleich? Ordnen Sie zu. Satz ...... und Satz ....... .

**c** Ergänzen Sie die Tabelle. Vergleichen Sie dann mit dem Lösungsschlüssel Seite 144.

| Satzanfang | Verb | weitere Teile, wie Akkusativergänzung mit **bestimmtem** Artikel, Dativergänzung, Angaben ... | Akkusativergänzung mit **unbestimmtem** Artikel / mit Nullartikel | Verb/Verben |
|---|---|---|---|---|
| 1 Stell dir vor, ich | habe | *den Job sofort* | | bekommen! |
| 2 Stell dir vor, ich | | | | |
| 3 Stell dir vor, ich | | | | |

**2** Vergleichen Sie die Sätze. Markieren Sie die Unterschiede in der Wortstellung wie im Beispiel.

1 a Ich habe meiner Oma einen Blumenstrauß geschenkt.
1 b Ich habe den Blumenstrauß meiner Oma geschenkt.
1 c Ich habe meiner Oma den Blumenstrauß geschenkt.
1 d Ich habe ihn meiner Oma geschenkt.

2 a Ich mag keine Hunde.
2 b Ich mag den Hund nicht.

3 a Ich habe gestern im Park keinen Menschen getroffen.
3 b Ich habe diese Person gestern im Hofgarten getroffen.

**3** Tendenzen zur Stellung der Satzteile

**a** Ist der folgende Satz Ihrer Meinung nach richtig oder falsch? Kreuzen Sie an. Vergleichen Sie dann mit dem Lösungsschlüssel Seite 144.

Die Reihenfolge der Satzteile ist genau festgelegt, man kann überhaupt nicht variieren.   richtig ☐   falsch ☐

**b** Lesen Sie noch einmal die Sätze in 2. Welche Sätze passen zu welcher Tendenz (1–5)? Notieren Sie.

1 In aller Regel steht Zeit vor Ort. Satz ........

2 Eine Akkusativergänzung mit unbestimmtem Artikel / mit Nullartikel steht am Satzende. Satz ........

3 Eine Akkusativergänzung mit bestimmtem Artikel steht in der Satzmitte. Satz ........

4 Eine Akkusativergänzung als Pronomen steht in der Satzmitte. Satz ........

5 Eine Dativergänzung und Angaben stehen in der Satzmitte. Satz ........

**4** Lesen Sie die Sätze.

**a** Welche Sätze sind nicht so gut oder falsch? Kreuzen Sie an.

1 ☐ Stell dir vor, ich habe einen Job sofort bekommen!
2 ☐ Du kannst den früheren Zug nachher nehmen.
3 ☐ Sie machte ihm daraufhin einen anderen Vorschlag.
4 ☐ Das Konzert dauerte nur eine Stunde leider.
5 ☐ Jetzt stehe ich schon seit fünf Minuten auf dieser blöden Leiter.
6 ☐ Ausnahmsweise habe ich im Park gestern ein Eis meinem Sohn gekauft.

**b** Welche Sätze haben Sie angekreuzt? Formulieren Sie diese Sätze besser bzw. richtig.   AB 32 →

# Ich schaffe das nicht mehr!

**E1** **a** Traumjob gefunden?

Sabine M. hatte sich für die unten beschriebene Stelle in einem Speditionsunternehmen beworben und sie bekommen. Das stand in der Stellenausschreibung. Lesen Sie.

### Aufgaben

- Disposition im nationalen und internationalen Speditionsfernverkehr
- Einteilung und Überwachung der eigenen Fahrzeuge sowie Zusammenarbeit mit fremden Transportunternehmen
- Erstellen und Aktualisieren von Ladelisten in Zusammenarbeit mit Warenausgang und Customer Service
- Überwachung der Transporte und Auslieferungen

### Wir suchen

- eine flexible, teamorientierte Persönlichkeit
- eine Person mit Interesse an fordernden Aufgaben
- eine/n Mitarbeiter/in mit hohem Engagement

### Wir bieten

- flexible und familiengerechte Arbeitszeiten bei einer Vollzeitstelle
- 30 Tage Urlaub
- Weihnachtsgeld und Urlaubsgeld
- ein kollegiales Team
- einen sicheren Arbeitsplatz

 **b** Hören Sie nun ein Gespräch zwischen Sabine M. und ihrer Freundin. Entsprechen ihre Erfahrungen der Stellenbeschreibung? Notieren Sie die Unterschiede zwischen der Stellenbeschreibung und Sabines Erfahrungen in a.

AB 23, 24 ▸ WORTSCHATZ 23, 24

**E2** Was sagt das Gesetz dazu?

Lesen Sie die Informationen auf Seite 132. Unterstreichen Sie die aus Ihrer Sicht wichtigen Informationen und ergänzen Sie dann die Tabelle.

| Urlaub | 13. und 14. Monatsgehalt | Arbeitszeit |
|---|---|---|
| | | |

AB 25–27 ▸ SÄTZE BAUEN 25
TEXTE BAUEN 26, 27

**E3** Das lasse ich mir nicht mehr gefallen!

**a** Schreiben Sie im Namen von Sabine M. einen Brief an den Betriebsrat / Personalchef.

1 Nummerieren Sie die Punkte in dem Stellenangebot, zu denen Sie etwas schreiben möchten.
2 Versehen Sie die dazu passenden Informationen (E2) mit den gleichen Nummern.
3 Schreiben Sie nun Ihren Brief auch mithilfe der folgenden Wendungen und Ausdrücke. Die helfen Ihnen auch bei der Struktur des Briefes. Denken Sie an den Absender, die Adresse, die Anrede, das Datum und den Abschluss.

# E    Ich schaffe das nicht mehr ...

Ich arbeite nun schon seit ... Jahren in diesem Unternehmen ... ▪
Leider muss ich Ihnen schreiben, dass sich meine Arbeitssituation
sehr zum Nachteil entwickelt hat: ... ▪ In der Stellenbeschreibung stand, dass ... ▪
Ich aber muss jeden Tag ... ▪ Außerdem konnte ich seit ... keinen Urlaub machen. ▪
Hierzu möchte ich bemerken, dass ... ▪ Dazu kommt noch, dass ... ▪
Leider muss ich auch betonen, dass ... ▪ Ich habe ein Recht /
einen Anspruch auf ... ▪ Ich bedaure feststellen zu müssen, dass ... ▪
..., das habe ich mir nach dem Einstellungsgespräch ganz anders vorgestellt. ▪
Ich möchte an dieser Stelle hinzufügen ... ▪ Aus meiner Sicht ... ▪
Ich möchte dazu sagen, dass ... ▪ Ich möchte noch darauf
hinweisen, dass ... ▪ Ich möchte damit sagen, dass ... ▪
Im Augenblick scheint es für mein Problem keine sofortige Lösung zu geben,
daher möchte ich Sie bitten, mich zu beraten.

**Satzbau**
GRAMMATIK 28, 29

AB 28–31 ▶

TEXTE BAUEN 30, 31

**b** Tauschen Sie nun Ihre Briefe aus. Sie lesen den Brief Ihrer Partnerin / Ihres Partners.
Markieren Sie, was Ihnen in dem Brief besonders gut gefällt. Unterstreichen Sie,
was Sie nicht verstehen. Nummerieren Sie die Punkte, die im Brief angesprochen werden.
Wie gefällt Ihnen die Reihenfolge?

## Fokus Grammatik: die Stelle vor dem Verb (Vorfeld)

**1 a** Lesen Sie den kurzen Textauszug.

> Vor dem Haus steht ein Wachhund. Zu diesem Wachhund kommt
> ein Mann vom Lande und bittet um Eintritt in das Haus.

**b** Lesen Sie dann die folgenden Varianten. Welche beiden sind falsch? Kreuzen Sie an.
Vergleichen Sie dann mit dem Lösungsschlüssel Seite 145.

1 Ein Wachhund steht vor dem Haus. Zu diesem Wachhund kommt ein Mann vom Lande und
 bittet um Eintritt in das Haus. ☐
2 Ein Wachhund steht vor dem Haus. Ein Mann vom Lande kommt zu diesem Wachhund und
 bittet um Eintritt in das Haus. ☐
3 Ein Wachhund steht vor dem Haus. Ein Mann vom Lande kommt zu diesem Wachhund und
 um Eintritt in das Haus bittet er. ☐
4 Ein Wachhund steht vor dem Haus. Um Eintritt in das Haus bittet er und ein Mann
 vom Lande kommt zu diesem Wachhund. ☐

**c** Welche Begründung ist richtig? Kreuzen Sie an.

Das Original und die beiden möglichen Varianten sind – wenn auch nicht so schön – sprachlich korrekt, weil
☐ die Wortstellung im Deutschen beliebig ist.
☐ die Grundregeln der Satzstellung eingehalten wurden.

**2 a** Welche Sätze sind falsch? Kreuzen Sie an und korrigieren Sie.

1 ☐ Seit vielen Jahren ich arbeite schon in diesem Unternehmen.
2 ☐ Wenn ich morgens aufstehe, muss ich erst einmal in die Badewanne.
3 ☐ Aufgrund der überwältigenden Resonanz unsere Aktion wird um weitere vier Wochen verlängert.
4 ☐ Hier du kannst nichts mehr machen.
5 ☐ Im Gymnasium ich war nur bis zur zehnten Klasse.
6 ☐ Damals hatte ich keine Lust mehr auf Schule, Schule, Schule.

**b** Markieren Sie in den Sätzen (auch in den korrigierten) die Satzglieder und fragen Sie danach.

Beispiel:

1 Seit vielen Jahren: wann? – ich: wer? – in diesem Unternehmen: wo?

**c** Lesen Sie noch einmal Ihre korrigierten Sätze und überprüfen Sie: Was ist richtig? Kreuzen Sie an.

☐ Vor dem Verb steht nur eine Information, zum Beispiel wann etwas passiert ist oder wer etwas getan hat.

☐ Vor dem Verb können mehrere Informationen stehen, zum Beispiel wann etwas passiert ist und wer etwas getan hat.

☐ Wenn vor dem Verb zwei Informationen stehen und Sie mit zwei Fragewörtern danach fragen können
 (z. B. wann etwas passiert ist und wer etwas getan hat), dann ist die Wortstellung falsch.

**3 a** Achtung: Kleine Wörter – große Wirkung! Lesen Sie die Sätze und
markieren Sie in den Hauptsätzen die Wörter, die vor dem Verb stehen.

1 Selbstverständlich muss man ins Tor treffen, wenn man ein Spiel gewinnen will.
2 So haben wir am Ende doch noch gewonnen.
3 Erstens will ich nicht und zweitens habe ich keine Lust.
4 Zuerst klickst du auf „Datei öffnen" und dann wählst du eine Datei aus.
5 Zum Beispiel habe ich noch nie erlebt, dass diese Geräte richtig funktionieren.
6 … Deshalb habe ich mich gern um Haus und Kinder gekümmert.

**b** Entscheiden Sie: Welche Ausdrücke können allein vor dem Verb stehen? Kreuzen Sie an.
Die Sätze in a helfen Ihnen.

| | | | | |
|---|---|---|---|---|
| ☐ denn | ☐ ein | ☐ folglich | ☐ zum Beispiel | ☐ selbstverständlich |
| ☐ aber | ☐ deshalb | ☐ wenn | ☐ trotz | ☐ nach |
| ☐ erstens | ☐ trotzdem | ☐ am frühen Morgen | ☐ dann | ☐ dort |
| ☐ so | ☐ heute | ☐ dass | ☐ zuerst | ☐ als |

**c** Welche Gruppen (Wörter/Ausdrücke) können allein vor dem Verb stehen? Kreuzen Sie an.

☐ alle Adverbien   ☐ die Artikelwörter   ☐ alle Ausdrücke, nach denen man mit *wer, wann, wo, warum* etc.
fragen kann   ☐ Nebensätze   ☐ einige Konjunktionen   ☐ Präpositionen

AB 33 →

# Geschafft: „Nie wieder dreckiges Geschirr!"   SPRECHEN

**F**

**F** Bilden Sie Vierergruppen und stellen Sie sich vor, dass Sie in einer Wohngemeinschaft von
Berufsanfängern leben. Jede/r hat ein eigenes Zimmer, gemeinsam benutzen Sie Bad,
Küche, Nebenräume und einen kleinen Garten. Das ist nicht immer einfach. Um zu vermei-
den, dass es zu Konflikten kommt, wollen Sie eine „WG-Ordnung" erstellen, damit jede
Person ihre Aufgaben und Pflichten kennt.

1 Sammeln Sie zu viert alle wichtigen Aufgaben und Tätigkeiten, die im gemeinsamen Haushalt
 eine Rolle spielen könnten. Notieren Sie dann zuerst alles auf einem Plakat, ohne zu diskutieren.

2 Wählen und notieren Sie für sich einige der Tätigkeiten nach den Kategorien:
 „gern", „nur wenn's unbedingt sein muss" und „auf keinen Fall".

3 Legen Sie die Länge der Diskussionszeit fest. Besprechen Sie, was gemacht werden muss und wer dafür
 verantwortlich ist. Denken Sie an Ihre Notizen, seien Sie aber auch offen für Kompromisse. Sie müssen
 sich einigen, im Zweifelsfall stimmen Sie ab.

4 Schreiben Sie dann Ihre WG-Ordnung auf ein Plakat und vergleichen Sie, wieweit Sie Ihre eigenen
 Wünsche durchbringen konnten.

### Informationen einbringen und bewerten

Soviel ich weiß, muss man …
Soweit ich weiß, muss man …
Ich frage mich, ob man das vergleichen kann. Bei uns …
Selbstverständlich muss man auch bei uns …
Aber man kann dann …

### etwas bewerten und auf Bewertungen eingehen

Ich bin ganz Ihrer / deiner Meinung, ich … auch, dass …
Ich bin derselben Meinung wie …
Damit bin ich nicht einverstanden, ich finde eher, dass …
Ich bin nicht Ihrer/deiner / dieser Meinung, ich glaube vielmehr, dass …
Im Gegenteil, das ist doch toll / …, dass …
Ja, mag sein, aber …
Eigentlich ist das doch alles …
Ich frage mich, ob das jeder schaffen könnte / ob sie das nicht nur gemacht hat, weil …
Ich halte es eher für einen Zufall, dass …
Ich habe den Eindruck, dass …
Ich habe das Gefühl, dass …
Mir scheint es so zu sein, dass …

### Vorschläge bewerten

Selbstverständlich muss man …
Es steht für mich (aber) fest, dass …
Ich behaupte aber, dass … hilft / nicht hilft.
Glauben Sie mir …
Sie können mir glauben, dass …
Ich frage mich, ob …
Ich finde den Vorschlag von …, … zu …, wirklich gut.
… hat gute / schlechte Erfahrungen gemacht.
… klingt interessant / …, man müsste es mal ausprobieren.

### sich über nicht eingehaltene Vereinbarungen beschweren

Ich arbeite / … nun schon seit … Jahren in diesem Unternehmen / …
Leider muss ich Ihnen schreiben, dass sich meine Situation sehr zum Nachteil entwickelt hat: …
In der Stellenbeschreibung stand, dass …
Ich aber muss jeden Tag …
Außerdem konnte ich seit … keinen Urlaub / … machen.
Hierzu möchte ich bemerken, dass …
Dazu kommt noch, dass …
Leider muss ich auch betonen, dass …
Ich habe ein Recht / einen Anspruch auf … Ich bedaure festzustellen zu müssen, dass …
…, das habe ich mir ganz anders vorgestellt.
Ich möchte an dieser Stelle hinzufügen …
Aus meiner Sicht …
Ich möchte dazu sagen, dass …
Ich möchte noch darauf hinweisen, dass …
Ich möchte damit sagen, dass …
Im Augenblick scheint es für mein Problem keine sofortige Lösung zu geben,
   daher möchte ich Sie bitten, mich zu beraten.

## Wortstellung der Satzteile

### Vor dem Verb

| 1. Stelle: wann? wo? wer? warum? usw. | 2. Stelle: Verb 1 | | |
|---|---|---|---|
| Gestern | war | der Start zu unserem neuen Projekt. | gestern (Zeitangabe) |
| In unserer Firma | gibt | es ein Schwimmbad. | in unserer Firma (Ortsangabe) |
| Unser Abteilungsleiter | lässt | die Teams ziemlich selbstständig arbeiten. | unser Abteilungleiter (Subjekt) |
| Die Lösung | haben | wir noch nicht gefunden. | die Lösung (Objekt) |
| Weil wir flexible Arbeitszeiten haben, | müssen | wir nicht alle gleichzeitig in der Arbeit sein. | Weil wir ... haben (Angabesatz: Grund) |
| Trotzdem | können | wir nicht tun und lassen, was wir wollen. | trotzdem (Konjunktion) |

### Hinten im Satz

| Satzanfang | Verb 1 | weitere Teile wie Ergänzungen mit bestimmtem Artikel, Dativergänzungen, Angaben | Satzende Akkusativ mit unbestimmtem Artikel und Nullartikel | Verb 2 |
|---|---|---|---|---|
| Ich | habe | gestern bei Schuhfax | tolle Schuhe | gesehen. |
| Ich | möchte | mir diese Schuhe unbedingt | | kaufen. |
| Außerdem | gibt | es dort | einen gut aussehenden Verkäufer. | |

## je ... desto

Je mehr ich darüber *nachdenke*, desto weniger *verstehe* ich davon.
         Verb am Ende         Verb an der zweiten Stelle

## Verben mit abtrennbaren und festen Vorsilben

### mit abtrennbaren Vorsilben

Darf ich dir etwas **anbieten**?
Stell dir vor, die haben mir nicht einmal etwas **angeboten**!
Was **bieten** Sie mir denn da **an**?
Es ist sehr unhöflich, älteren Damen keinen Sitzplatz in der Straßenbahn **anzubieten**.

### mit festen Vorsilben

Das müsste man **verbieten**.
Das hat mir noch niemand **verboten**.
Was **verbietest** du mir denn da?
Es ist gar nicht nötig, das **zu verbieten**.

## Nomen-Verb-Verbindungen

feste Verbindungen zwischen Nomen und Verb; das Verb hat keine eigene Bedeutung:
**eine Strafe verhängen** (jemanden bestrafen)
**zur Verfügung stellen** (jemandem etwas geben)
**eine Schule besuchen** (in eine Schule gehen)
**in der Lage sein** (können)

## feste Ausdrücke in der Bedeutung von Modalverben: *vorhaben (... zu)*

Und was **hast** du nach dem Abitur **vor**?    Und was **willst** du nach dem Abitur **machen**?
Ich **habe vor**, für ein Jahr ins Ausland **zu gehen**.  Ich **will** für ein Jahr ins Ausland **gehen**.

## Der *red dot design award*

Der *red dot design award* ist ein international anerkannter Wettbewerb. Designer und Designunternehmen aus der ganzen Welt können mit ihren Designprodukten am Wettbewerb teilnehmen. Die Auszeichnung, der *red dot*, wird an Arbeiten verliehen, die sich durch herausragende Designqualität auszeichnen. Der *red dot* ist ein Qualitätssiegel für gutes Design. Mit rund 11.000 Anmeldungen aus mehr als 60 Ländern ist der *red dot design award* der größte Designwettbewerb der Welt. Der Wettbewerb unterteilt sich in drei Bereiche: product design, communication design und design concept. Die Gewinner kommen aus allen Teilen der Erde.

reddot design award

Mit Produkten aus Österreich, der Schweiz und Deutschland verbindet man wohl eher Traditionalität, Haltbarkeit, gute Verarbeitung und gute Qualität als innovatives Design. Es fällt auch mal das Wort Langeweile. Wie immer ist das aber nur die halbe Wahrheit. Auch 2007 waren Vertreter aus Österreich, Deutschland und der Schweiz unter den Gewinnern des *red dot design award*.

++ etwas oder jemanden kurz vorstellen, beschreiben +++ etwas oder jemanden kurz vorstellen, beschreiben +++ etwas oder jemanden k
eschreiben +++ **etwas oder jemanden kurz vorstellen, beschreiben** +++ etwas oder jemanden kurz vors
urz vorstellen, beschreiben +++ etwas oder jemanden kurz vorstellen, beschreiben +++ etwas oder jemanden kurz vorstellen, beschreiben

# 13 Vergessen

C

B

A

F

D

E

Martin Suter
*Ein perfekter Freund*

Roman · Diogenes

DEUTSCHE BUNDESPOST
60
ANNE FRANK · 12.6.1929 – 31.3.1945

**1** Was haben die Fotos mit dem Thema „Vergessen" zu tun? Was glauben Sie?

**2** Ist „Vergessen" positiv oder negativ?

**Lernziel: etwas oder jemanden kurz vorstellen, beschreiben**
→ eine Vorstellungsrunde machen
→ von Artikeln oder Beiträgen eine kurze Inhaltsangabe machen
→ ausführliche Beschreibungen von Dingen und Sachverhalten verstehen
→ Vermutungen formulieren
→ einen Erinnerungsort vorstellen

**Textsorten**
Episode ▪ Statement
Textauszüge aus einem Sachtext
Auszug aus einem Roman
Begrüßungen und Vorstellungen
Ausstellungseröffnung

## Helfen Sie Ihrem Gedächtnis auf die Sprünge

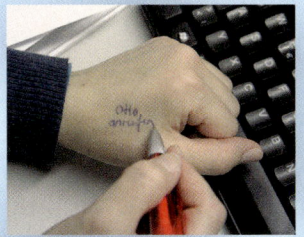
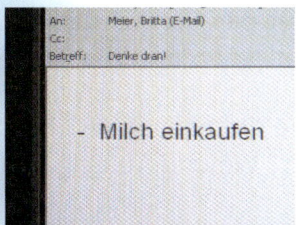

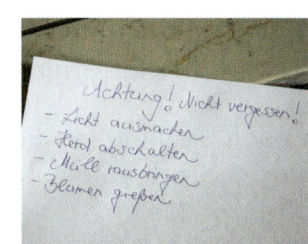

**A1** Nicht vergessen! Was tun Sie, um an alles zu denken? Erzählen Sie im Kurs.

2.8

**A2 a** Hören Sie eine kleine Episode. Welche Aspekte werden angesprochen?

Unfreundlichkeit ⬜ 🟥 Vergessen ⬜ 🟥 Peinlichkeit ⬜ 🟥 Vergesslichkeit ⬜ 🟥 Ungerechtigkeit ⬜ 🟥
Überheblichkeit ⬜ 🟥 Unhöflichkeit ⬜ 🟥 Gleichgültigkeit ⬜ 🟥 Ärger über sich selbst ⬜

**b** Ist Ihnen schon einmal etwas Ähnliches passiert? Erzählen Sie.

**c** Wie beurteilen Sie das Verhalten von Herrn Deffner?
Das von Herrn Finninger? Sprechen Sie.

---

## In Vergessenheit geraten

**B**

**B1** Lesen Sie den Auszug aus einem Interview mit dem Jazztrompeter Till Brönner.
Über welches Produkt, das in Vergessenheit geraten ist, spricht er? Warum hängt er daran?

**Frage:** Ihr neuestes Werk, *The Christmas Album* (Universal), gibt es alternativ auch als Doppel-LP. Kaufen Sie selbst noch Vinyl?
**Brönner:** Selbstverständlich. Es gibt übrigens nichts Schöneres, als auf Konzerten eine echte Platte zu signieren. Neulich habe ich meine ersten Aufnahmen auf Vinyl gehört. Danach wollte ich am liebsten alle meine CDs vom Markt nehmen lassen. Die Schallplatte strahlt für mich die Wärme eines Kaminfeuers aus. Die CD dagegen ist die Zentralheizung. (...)

**B2** An welchem Gegenstand, der heute aus der Mode gekommen ist
oder technisch nicht mehr aktuell ist, hängen Sie persönlich?
Orientieren Sie sich an den folgenden Fragen. Machen Sie sich Notizen und
sprechen Sie dann. Verwenden Sie auch die folgenden Wendungen und Ausdrücke.

Wozu dient der Gegenstand? Was hat Ihnen daran so gut gefallen?
Woran erinnert Sie der Gegenstand? Was war an dem Gegenstand so schön / praktisch / ...?
Würden Sie ihn heute wirklich verwenden?

Ich erinnere mich noch gut an ... 🟩 Ich vermisse ... von früher. 🟩 Das / ... erinnert
mich an ... 🟩 Damit konnte man / hat man ... 🟩 Früher hat man / musste man ... 🟩
Das war sehr ... 🟩 Bei uns / Bei meinen Großeltern gab es ... 🟩 Vielleicht gibt
es in Zukunft ... 🟩 Es gibt nichts Schöneres, als ... zu ... 🟩 Daran hat mir gefallen,
dass ... 🟩 Das Besondere daran ist/war, ... 🟩 Ehrlich gesagt würde ich heute ...

AB 1–4 → WORTSCHATZ 1, 2
SÄTZE BAUEN 3, 4

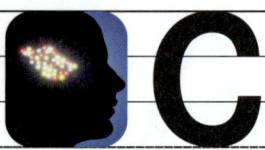

# C  Mir liegt es auf der Zunge

**C**

**a**  Das Vergessen hat viele Seiten – Vier Texte über das Vergessen
Bilden Sie vier Gruppen. Jede Gruppe bearbeitet einen der vier Texte A–D.

**b**  Lesen Sie nun gemeinsam Ihren Text, finden Sie die passende Überschrift (1, 2, 3 oder 4).
Lösen Sie dann die Aufgaben: Was steht im Text? Welche Aussage ist richtig?
Kreuzen Sie an.

1  Stress macht vergesslich ■   2  Verschwundene Wörter ■

3  Was geschieht im Gehirn, wenn wir vergessen? ■   4  Hilfreiches Vergessen

AB 5  →  WORTSCHATZ 5

**A** ┆ ........................................................................

Über das, was im Gehirn passiert, wenn wir Dinge vergessen, gibt es im Wesentlichen zwei Theorien. Die eine sagt, dass die Gedächtnisspur einfach mit der Zeit verblasst und verschwindet, dass wir den Weg zum Inhalt nicht mehr finden. (...) Wie dies genau erfolgt, ist jedoch noch nicht geklärt. Die zweite Theorie geht davon aus, dass wir vergessen, indem neue oder aktuelle Eindrücke die alten Gedächtnisspuren überlagern und so den Zugriff auf die alten Erinnerungen erschweren (...).

1 Darüber, was im Gehirn passiert, wenn wir etwas vergessen, sagt die eine Theorie:
a Die Informationen, die man nicht mehr braucht, werden bewusst gelöscht.
b Die Informationen, die man nicht mehr braucht, verschwinden unbewusst.

2 Die andere Theorie sagt, dass neue Informationen für uns wichtiger sind
a und dass wir die neuen Informationen im Gehirn über die alten legen.
b und dass wir die neuen Informationen im Gehirn neben die alten legen.

**B** ┆ ........................................................................

Die Information ist nicht mehr zu finden, wenn man den Zusammenhang der Speicherung vergessen hat. „Etwas liegt mir auf der Zunge" bedeutet, dass man zum Beispiel einen Begriff, einen Namen nicht abrufen kann. Wer kennt das nicht: Man will etwas sagen und das Wort, um das es geht, ist plötzlich weg. Das geht uns oft so, wenn wir in einer Fremdsprache sprechen, passiert aber auch in unserer Muttersprache. Zu den Einflussfaktoren gehört, ob wir die Worte selbst häufig benutzen und wie früh sie gelernt wurden.

1 Es passiert häufig, dass einem ein Name oder ein Begriff nicht mehr einfällt,
a weil man vergessen hat, wo und warum man sich den Namen oder den Begriff gemerkt hat.
b weil man sich den Namen oder den Begriff nie richtig gemerkt hat.

2 Auch folgende Faktoren beeinflussen das Vergessen von Wörtern:
a Wie oft man das Wort oder den Begriff gehört hat.
b Wie oft man das Wort oder den Begriff verwendet hat und wann man den Begriff gelernt hat.

AB 6–10  →  **ist zu finden**
GRAMMATIK 6–10

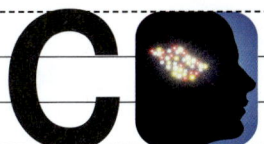

C ⬚ ..............................................................................................

> Die Information wird aus irgendeinem Grund vor dem Bewusstsein versteckt, das ist ein Vergessen, das uns möglicherweise gar nicht oder erst langsam bewusst wird. Die Ursachen hierfür können Angst oder schlechte Erfahrungen sein, aber auch das Gefühl von Schuld. Auch wenn man eine Person oder eine Sache überhaupt nicht leiden kann, kann es zu Störungen des Erinnerns kommen. Aber Vergessen kann uns auch helfen, Dinge besser zu „können". Vergessen ist also in den meisten Fällen ein „Verlernen" durch neu hinzukommende, aktuellere Inhalte. Dieses Verlernen ist für uns lebensnotwendig, denn hätte man ein „perfektes Gedächtnis" und würde sich an alles erinnern, müsste man auch an alles denken: Man könnte dann aber wohl kaum ein anderes Auto fahren als das, in dem man das Fahren in der Fahrschule gelernt hat. Man würde das Schaltschema, die Anordnung der Bedienungselemente usw. des ersten Autos nie loswerden. (...)

1 Emotional negative Erlebnisse können dazu führen, dass man Dinge
a einfach vergisst.  ⬚
b nie vergisst.  ⬚

2 Warum wir vergessen, hat auch damit etwas zu tun,
a dass wir neue, aktuellere Dinge lernen müssen.  ⬚
b dass wir uns mit dem Thema nicht mehr beschäftigen müssen.  ⬚

D ⬚ ..............................................................................................

> Die meisten Menschen führen einen ständigen Kampf gegen das Vergessen. Ob es die Telefonnummer ist oder ein Name, an den man sich nicht mehr erinnert, das Gedächtnis scheint sehr unzuverlässig zu sein. Dabei gibt es meistens einen einfachen Grund für unsere Alltagsvergesslichkeit: unsere Lebensweise. Stress ist der größte Risikofaktor für Vergesslichkeit. (...) Wer andauernd zu viele Eindrücke aufnehmen und speichern muss, der ist anfälliger dafür, einiges davon zu vergessen. (...)

1 Für die Mehrheit der Menschen ist das Vergessen
a kein Thema, weil das Gedächtnis einfach unzuverlässig ist.  ⬚
b ein wichtiges Thema und sie versuchen, sich an Dinge zu erinnern.  ⬚

2 Unsere Lebensweise beeinflusst die Alltagsvergesslichkeit: Wer immer wieder
Neues erlebt und macht und deshalb ein stressiges Leben führt,
a ist weniger vergesslich, weil er sein Gedächtnis trainiert.  ⬚
b vergisst schneller etwas, weil er sich zu viel merken muss.  ⬚

c Formulieren Sie in Ihrer Gruppe die Kernaussage Ihres Textes mit eigenen Worten.
(Ihre Lösungen in b helfen Ihnen.) Machen Sie sich, wenn nötig, Notizen.

d Neue Gruppen: Je ein Vertreter von Text A, Text B, Text C und Text D
setzen sich zusammen. Erzählen Sie, worum es in Ihren Texten jeweils geht.
Verwenden Sie auch die folgenden Wendungen und Ausdrücke.

In meinem Text geht es um ... ▪
Die Hauptaussage in meinem Text über das Vergessen ist, dass ... ▪
Am wichtigsten finde ich in meinem Text die Information, dass ... ▪
In meinem Text betont der Autor, dass ... ▪
Über das Vergessen steht in meinem Text, dass ...

AB 11–16    SÄTZE BAUEN 11-13
            PHONETIK 14
            TEXTE BAUEN 15,16

e Schreiben Sie nun zu viert einen kurzen Text, in dem Sie die
wichtigsten Informationen aus Ihren Texten über das Vergessen wiedergeben.

# Fokus Grammatik: unpersönliche Ausdrücke im Kontext

**1** Welche der beiden Äußerungen weist auf eine bestimmte Person hin (persönlich = p)
und welche auf eine unbestimmte Person (unpersönlich = u). Ordnen Sie zu.

**1** Du, ich hab' ganz
vergessen, wo ich das
gespeichert habe.

**2** Das ist eine Unordnung
hier! Man kann gar
nichts mehr finden.

**2** **a** Sie kennen noch weitere Möglichkeiten für unpersönliche Äußerungen.
Lesen Sie und beachten Sie die markierten unpersönlichen Ausdrücke.

1 Die Informationen lassen sich leider nicht mehr finden.

2 Ich fürchte, die Informationen sind nicht mehr zu finden.

3 Keine Angst, die finden sich schon noch.

4 Die Informationen sind leider nicht mehr auffindbar.

5 Wenn nicht gesucht wird, kann auch nichts gefunden werden.

6 Einige Informationen sind leider verloren gegangen.

7 Diese Tatsache ist wohl in Vergessenheit geraten.

8 Ich glaube, es sind einige Informationen verschwunden.

**b** Ergänzen Sie jetzt die Form des unpersönlichen Ausdrucks aus 2a.

| Satz | Form |
|---|---|
| 1 | lassen sich |
| 2 | ist/sind zu finden / |
| 3 | |
| 4 | |
| 5 | |
| 6 | |
| 7 | |
| 8 | |

**c** Welche Aussagen stimmen? Kreuzen Sie an.

☐ 1 Man verwendet unpersönliche Ausdrücke, wenn man nicht weiß oder es nicht wichtig ist,
wer etwas getan hat.

☐ 2 Wenn man stark betonen will, wer etwas getan hat, verwendet man unpersönliche Ausdrücke.

☐ 3 Wenn man nicht sagen möchte, wer etwas getan hat, verwendet man normalerweise
unpersönliche Ausdrücke.

**3** Sagen Sie es „unpersönlich". Verwenden Sie die folgenden unpersönlichen Ausdrücke.
Vergleichen Sie mit dem Lösungsschlüssel Seite 145.

sein ... zu ▪ man ▪ lässt sich ▪ -bar

1 Das kann ich nicht lesen.  3 Mit dem Fernglas konnte ich alles gut erkennen.

2 Ich kann das machen.  4 Konnten Sie diese Aufgabe lösen?

AB 41

# Ein perfekter Freund

Martin Suter beschäftigt sich in seinem Roman
*Ein perfekter Freund* mit dem Thema „Vergessen".

**a**    Lesen Sie den folgenden Auszug aus seinem
Roman und lösen Sie die beiden Aufgaben.

1   Was erfahren Sie in diesem Auszug über Fabio?
Markieren Sie die wichtigsten Informationen im Text.

2   Woran kann sich Fabio erinnern, woran nicht?
Machen Sie sich Notizen.

| erinnert sich daran | erinnert sich nicht daran |
|---|---|
|  |  |

... „Wissen Sie, wo Sie sind?" Fabio schaute sich um. Neben dem Bett ein Infusionsständer, an der Wand ein Tisch mit einem Blumenstrauß, darüber ein Kruzifix. „Sieht nach Krankenhaus aus." „Wissen Sie, welches?" „Keine Ahnung." Der Mann nahm das Krankenblatt vom Bettgestell und machte eine Notiz. „Sie sind in der Neurochirurgie der Uniklinik."

5 „Weshalb?"

„Sie haben eine Kopfverletzung."

Fabio betastete seinen Kopf. Die rechte Gesichtshälfte fühlte sich taub an. Auf dem Schädel spürte er ein Pflaster oder einen Verband. „Wie ist das passiert?"

„Erinnern Sie sich nicht?"

10 Fabio dachte nach. „Nein. Sagen Sie es mir."

„Sie haben einen Schlag auf den Hinterkopf bekommen. Das ist alles, was wir wissen."

„Wann war das?"

„Vor sechs Tagen."

Fabio erschrak. „So lange lag ich im Koma?"

15 Der Pfleger öffnete die Nachttischschublade, entnahm ihr einen Schreibblock. Er war in Fabios Handschrift beschrieben. Dort, wo er hindeutete, stand: *Ich habe eine posttraumatische Amnesie.*

„Wann habe ich das geschrieben?"

„Gestern." Der Pfleger blätterte zurück und zeigte ihm eine andere Stelle. *Ich habe eine posttraumatische Amnesie.*

20 „Das ist von vorgestern."

Fabio las andere Notizen. *In der Intensivstation wurde ich zwei Tage künstlich beatmet und in Narkose behalten. Man hat mir ein Loch in den Schädel gebohrt und eine Hirndrucksonde eingesetzt. Deshalb der Verband,* stand hier. Oder: *Der rechte Stirnlappen ist geprellt. (...)* Oder: *Mamma war fünfmal hier, während ich schlief.*

25 „Wo ist meine Mutter jetzt?"

„Ich nehme an, zu Hause."

„Meine Mutter wohnt in Urbino, sechshundertfünfzig Kilometer von hier."

Der Pfleger machte sich eine Notiz.

„Was schreiben Sie?"

30 „Eine Notiz für Dr. Berthod. Daß Sie sich erinnern, wo Ihre Mutter wohnt."

„Ich erinnere mich an alles, außer an den Unfall."

# D  Ein perfekter Freund

Die Art, wie der Pfleger nickte, gefiel Fabio nicht. Er blätterte weiter im Schreibblock.
*Norina war wohl hier*, stand da. Und weiter hinten: *Die Blumen sind bestimmt von ihr.*
„War ich wach, als meine Freundin hier war?"
35  „Manchmal."
Fabio schwieg. (…)
In die Dunkelheit drang der Duft von Jasmin, Rose, Maiglöckchen, Ylang-Ylang, Amber und
Vanille. Die linke Hälfte seiner Lippen spürte etwas Weiches. Einen Mund? Fabio schlug die Augen
auf. Vor ihm, so dicht, daß er es nicht fokussieren konnte, war das Gesicht einer Frau.
40  „Norina?"
Das Gesicht wich zurück. Jetzt konnte er es erkennen. Hohe Backenknochen, große blaue Augen,
kleiner Mund mit vollen Lippen, blondes kurzes Haar. Mitte Zwanzig.
„Hallo, Fabio", sagte sie und lächelte. Tapfer, wie es Fabio schien.
„Hallo", sagte Fabio. Er hatte die Frau noch nie gesehen. (…)

**b**  **Was beschreibt der Autor in diesem Textauszug? In welcher Situation befindet sich die
Hauptperson? Sprechen Sie. Verwenden Sie die folgenden Wendungen und Ausdrücke.**

> In dem Text geht es um eine Person, die anscheinend … ■
> Die Person / Sie … ■  Die Hauptfigur / Die Hauptperson / Fabio versteht
> offensichtlich nicht … / weiß scheinbar nicht / …, wo … ■
> Er will sich an nichts/nicht erinnern können. ■
> An eine Sache kann er sich aber erinnern, nämlich daran, wo … ■
> Es gibt in dem Text aber noch zwei weitere Personen: … ■

*verkürzte Antworten*
GRAMMATIK 17–19

AB 17–20

WORTSCHATZ 20

**c**  **Nicht alles wird beim Lesen dieses Textauszugs klar.
Formulieren Sie Ihre Vermutungen zu den folgenden Fragen.**

1  Wem gehört der Schreibblock, den der Pfleger aus der Nachttischschublade zieht?
(Zeile 15)
2  Wie könnte man das Nicken des Pflegers deuten? (Zeile 32)
3  Ist die Frau, die Fabio besucht, seine Freundin Norina? (Zeile 40)
4  Warum könnte Fabio das Lächeln der Frau als „tapfer" empfinden? (Zeile 43)

AB 21–27

… müsste … sein
… will … können
GRAMMATIK 21–27

> Der Block müsste eigentlich … gehören/von … sein
> Der Block könnte vielleicht auch …
> Der Block dürfte von … sein, weil …

AB 28, 29     SÄTZE BAUEN 28, 29

**d**  **Schreiben Sie nun einen Text, in dem Sie Ihre Ergebnisse zusammenfassen.**

Schreiben Sie,

– in welcher Situation sich die Hauptperson befindet,
– was Sie in diesem Text über die Hauptperson erfahren haben,
– woran die Hauptperson sich erinnern oder nicht erinnern kann,
– welche weiteren Personen eine Rolle spielen,
– welche Vermutungen Sie zu den Fragen 1–4 in Aufgabe c haben.

AB 30, 31     PHONETIK 30
TEXTE BAUEN 31

Schreiben Sie auch, ob Sie Lust bekommen haben, den Roman zu lesen.

# Fokus Grammatik: Vermuten, Einschätzen, Modalverben im Kontext

**2.9**

**1** Eine Frage, viele Vermutungen

> Wem gehört eigentlich der Schreibblock, den der Pfleger aus der Nachttischschublade zieht?

**a** Hören und lesen Sie die Beispielsätze.

A Der muss dem Pfleger gehören, weil er weiß, wo er liegt.
B Der könnte aber doch auch dem Patienten gehören, auch wenn er sich nicht daran erinnert.
C Der müsste eigentlich dem Patienten gehören, weil er darauf geschrieben hat.
D Er wird dem Patienten gehören, es sind doch seine Notizen.
E Der dürfte dem Patienten gehören, wem denn sonst?
F Den Block dürfte ihm der Arzt gegeben haben, damit er seine Gedanken notiert.
G Möglicherweise liegt in jedem Nachttisch ein Block, damit die Patienten ihre Notizen machen können.
H Ich bin mir ganz sicher, der Block kann nur dem Patienten gehören.
I Ich glaube, dass er dem Pfleger gehört.

**b** Vermutungen können auf unterschiedliche Weise ausgedrückt werden.
Ordnen Sie die Farben zu.

mit Futur – Farbe: ................ ▪ mit Modalverben – Farbe: ................ ▪ mit Adverbien – Farbe: ................ ▪

mit Verben des Glaubens, des Vermutens – Farbe: ................

**2** Perspektivenwechsel: zwei Meinungen zu einem Kontoauszug

**a** Was wird in den unterstrichenen Satzteilen in A und B jeweils ausgedrückt:
eine Feststellung (F) oder eine Vermutung (V)? Ordnen Sie zu.

```
12. Juli     Überweisung an Hausgeräte GmbH     498,95
15. Juli     Überweisung an Hausgeräte GmbH     498,95
```

A ☐ Du, stell dir vor, die Rechnung für die Spülmaschine wurde zweimal abgebucht. Micha muss die Maschine zweimal bezahlt haben, anders kann ich mir das nicht erklären. Der spinnt doch langsam, oder?

B ☐ Du, stell dir vor, Micha hat die Spülmaschine zweimal bezahlen müssen: Er hat zwei Rechnungen bekommen und deshalb zweimal überwiesen. Die spinnen doch in dem Laden.

**b** Wer hat aus der Sicht der Sprecher die zweimalige Zahlung veranlasst:
Micha (M) oder die Hausgeräte GmbH (H)? Ordnen Sie zu.

A ......... B .........

**3** Lesen Sie und hören Sie die Vermutungen A–D.

**a** Welche der Sätze 1–4 drücken dasselbe aus? Ordnen Sie zu.

**2.10**

Grundschul-Klassentreffen nach dreißig Jahren.
Wer erkennt wen?

A Das muss Peter sein, Peter Klotz.
B Das müsste Peter sein, Peter Klotz.
C Das könnte Peter sein, Peter Klotz.
D Das dürfte Peter sein, Peter Klotz.

1 Möglicherweise ist das Peter, Peter Klotz. 3 Wahrscheinlich ist das Peter, Peter Klotz.
2 Das ist ganz sicher Peter, Peter Klotz. 4 Ich bin mir fast sicher, dass das da Peter ist, Peter Klotz.

A ......... B ......... C ......... D .........

**b** Wie sicher ist sich der Sprecher bei seiner Vermutung in den Sätzen A–D?
Ungefähr 100 %, 90 %, 75 % oder 50 %? Ordnen Sie zu und vergleichen Sie
dann mit den Lösungen auf Seite 145.

A ......... % B ......... % C ......... % D ......... %

AB 42

# E Für das Erinnern

**E1** Wie erinnert sich eine Stadt / ein Land an besondere Ereignisse, an besondere Persönlichkeiten? Sammeln Sie im Kurs.

> Man kann zum Beispiel ein Denkmal aufstellen ...

**E2**

**a** 2.11,12

Anne Frank. Ein Mädchen aus Deutschland. Wanderausstellung
Hören Sie nun den Auszug aus einer Führung zur Ausstellung.
Im ersten Teil der Ansprache geht es um Anne Frank, im zweiten Teil
um das Ziel der Wanderausstellung. Ordnen Sie die Fotos den beiden Teilen zu.

| Ansprache | Teil 1 | Teil 2 |
|---|---|---|
| Fotos | | |

**b** 2.11,12

Lesen Sie die Aussagen. Hören Sie den Text noch einmal. In welcher Reihenfolge
haben Sie die folgenden Inhalte / Aussagen gehört? Nummerieren Sie.

- [ ] Die Ausstellung soll uns bewusst machen, dass ein Engagement gegen Rechtsextremismus immens wichtig und notwendig ist.
- [ ] Die Ausstellung soll natürlich an Anne Frank erinnern.
- [ ] Ich bin mir nicht sicher, ob auch bekannt ist, dass Anne Frank im Versteck angefangen hatte, ihr Tagebuch ganz bewusst für eine Veröffentlichung zu bearbeiten.
- [ ] Wir befinden uns hier vor der ersten Wand dieser neuen Multimedia-Wanderausstellung.
- [ ] Erst vor einigen Jahren ist eine ergänzte kritische Ausgabe des Buches auf Deutsch veröffentlicht worden.
- [ ] Und deshalb soll diese Ausstellung mehr als nur erinnern. Sie soll sich damit beschäftigen, welche Fragen sich Anne Frank in ihrem Tagebuch gestellt hat und welche Bedeutungen diese Fragen für uns und unsere Kinder heute haben.
- [ ] Vielleicht wissen aber unsere jungen Besucher nicht, wer eigentlich Anne Frank war, und darum möchte ich kurz etwas über ihr Leben berichten.
- [ ] Bevor ich aber mit der eigentlichen Führung beginne, möchte ich doch einige einführende Worte zu der Ausstellung sagen.
- [ ] Diese Fragen betreffen natürlich auch unsere Kinder, unsere Jugendlichen, sodass sie leicht einen Zugang zu den Fragestellungen der Ausstellung finden.

**soll ... erinnern
sodass**
GRAMMATIK 32, 34–36

AB 32–37

**E3** Entscheiden Sie sich nun für eine der folgenden Aufgaben.

1 Welche Erinnerungsstätte / Welches Denkmal haben Sie in Deutschland / Österreich oder der Schweiz schon besichtigt? Stellen Sie eine / eins kurz vor. Verwenden Sie auch die folgenden Wendungen und Ausdrücke.

2 Welche berühmten Erinnerungsstätten / Denkmäler gibt es in Ihrer Heimat?
Stellen Sie eine / eins kurz vor. Verwenden Sie auch die folgenden Wendungen und Ausdrücke.

**WORTSCHATZ 33
SÄTZE BAUEN 37**

**eine Erinnerungsstätte / ein Denkmal vorstellen**
**Das Denkmal befindet sich ...** ■ **Das Denkmal / ... soll an ... erinnern.** ■ **Das Denkmal / ... soll daran
erinnern, dass ...** ■ **Ich bin mir nicht sicher, ob bekannt ist, dass ...** ■ **Erst vor einigen Jahren / ... /
Schon vor vielen Jahren / ... ist ...** ■ **Das Denkmal / ... soll uns bewusst machen, dass ...** ■
**Diese Fragen betreffen natürlich auch ..., sodass ...** ■

## Heute im Studio

**F1** Herzlich willkommen! Begrüßung in verschiedenen Situationen

**a** Lesen Sie die folgenden Wendungen und Ausdrücke, die Sie zu Beginn eines Gesprächs, einer Diskussion oder eines Vortrags hören können.

1 Darf ich Sie mit Herrn … bekannt machen? ☐
2 Ich begrüße Sie alle herzlich zu … ☐
3 Ich möchte Ihnen heute … vorstellen. ☐
4 Ich spreche heute über ein Thema … ☐
5 Ich spreche heute … nicht von … ☐
6 Meine sehr geehrten Damen und Herren, liebe Freundinnen und Freunde, heute Abend diskutieren wir … ☐
7 Hi, ich bin der Andreas. ☐

8 Also dann darf ich euch Frau … vorstellen, … ☐
9 … den Sie vielleicht schon kennen. ☐
10 Erst kürzlich hat … und nun darf ich … hier begrüßen. ☐
11 Hier, zu meiner Linken, sitzt … ☐
12 Sie ist heute hier …, weil … ☐
13 Ihre Aufgabe heute ist es, … ☐
14 Hallo, das ist … ☐
15 Also, das hier ist … ☐

**2.13**

**b** Hören Sie jetzt 1–15 aus a in konkreten Situationen. Welche Situationen sind Ihnen in Ihrer Muttersprache vertraut? Kreuzen Sie sie in a an und machen Sie Aufgabe c.

**c** Hören Sie noch einmal und sortieren Sie die Wendungen und Ausdrücke (1–15) in a in die folgende Tabelle (Mehrfachnennungen sind möglich).

| Eröffnungs- und Vorstellungssituation im Rahmen einer öffentlichen Diskussion, eines Vortrags | Eröffnungs- und Vorstellungssituation im Rahmen eines Gesprächs, einer Besprechung | Vorstellung in einer umgangssprachlichen Situation |
|---|---|---|
| | | |

**F2** Eine Person vorstellen

AB 38–40 → SÄTZE BAUEN 38, 39
TEXTE BAUEN 40

**a** Es gibt viele interessante Persönlichkeiten, die man kennenlernen sollte.

– Arbeiten Sie zu zweit. Überfliegen Sie die biografischen Angaben zu verschiedenen Persönlichkeiten auf Seite 134 f.
– Entscheiden Sie sich für eine der Personen und lesen Sie dann die biografischen Angaben genau. Was möchten Sie im Rahmen Ihrer Vorstellung über die Person sagen? Markieren Sie die Stellen.

**b** Sammeln Sie Wendungen und Ausdrücke für Ihre Personenbeschreibung und für Ihre Personenvorstellung (aus F1).

**c** Stellen Sie nun Ihre Person wie in einer Gesprächsrunde im Kurs vor. Stellen Sie sie interessant dar. Einige Zuhörer notieren die Informationen zur Person, andere markieren die Redemittel, die Sie verwendet haben.

## Erfinden Sie sich neu!

1 Schreiben Sie eine Fantasiekurzbiografie über sich selbst. Betonen Sie unbedingt, was Sie schon alles im Leben geleistet haben und woran sich die Menschheit erinnern soll. Haben Sie vielleicht auch schon ein Denkmal? Reichen Sie dann Ihre Fantasiebiografie an Ihre Partnerin / Ihren Partner links weiter.

2 Lesen Sie die Kurzbiografie Ihrer Partnerin / Ihres Partners genau. Unterstreichen Sie alle Informationen, die Sie für wichtig halten.

3 Überlegen Sie sich die Wendungen und Ausdrücke, die Sie in dieser Situation brauchen, um Ihre Partnerin / Ihren Partner vorzustellen.

4 Stellen Sie Ihre Partnerin / Ihren Partner nun „auf einer Konferenz" vor. Sprechen Sie im Kurs.

# Wendungen und Ausdrücke  Vergessen

etwas oder jemanden kurz vorstellen, beschreiben

### eine Erinnerungsstätte / ein Denkmal vorstellen

Das Denkmal befindet sich …
Das Denkmal / … soll an … erinnern
Das Denkmal / … soll daran erinnern, dass …
Ich bin mir nicht sicher, ob bekannt ist, dass …
Erst vor einigen Jahren / … /
Schon vor vielen Jahren / … ist …
Das Denkmal / … soll uns bewusst machen, dass …
Diese Fragen betreffen natürlich auch …, sodass …

### jemanden in einer Gesprächsrunde vorstellen

Ich möchte Ihnen heute … vorstellen.
…, den / die Sie vielleicht schon kennen.
Kürzlich hat … und nun darf ich sie / ihn hier begrüßen.
Zu meiner Rechten / Linken sitzt …
Sie / Er ist heute hier, weil …
Ihre Intention / Ihr Ziel ist … / ist es, …
Also darf ich euch … vorstellen …

### die Personen und Handlungen einer Geschichte kurz beschreiben

In dem Text geht es um eine Person, die …
Die Person / Sie …
Die Hauptfigur / Die Hauptperson /
Fabio versteht nicht … / weiß nicht, wo … / …
Er / Sie will sich an nichts / nicht erinnern können
An eine Sache kann er / sie sich aber erinnern, nämlich daran, wo …
Es gibt in dem Text aber noch zwei weitere Personen: …

### die Hauptaussagen eines Textes kurz zusammenfassen

In meinem Text geht es um …
Die Hauptaussage in meinem Text über das Vergessen ist, dass …
Am wichtigsten finde ich in meinem Text die Information, dass …
In meinem Text betont der Autor, dass …
Über das Vergessen steht in meinem Text, dass …

### etwas beschreiben, an das man sich erinnern kann

Ich erinnere mich noch gut an …
Ich vermisse … von früher.
Das / … erinnert mich an …
Damit konnte man / hat man …
Früher hat man / musste man …
Das war sehr …
Bei uns / Bei meinen Großeltern gab es …
Vielleicht gibt es in Zukunft …

### Vermutungen äußern

… müsste eigentlich …
… könnte vielleicht auch …
… dürfte von … sein, weil …

### Vorstellung in einer alltagssprachlichen / umgangssprachlichen Situation

Darf ich Sie mit … bekannt machen?
Hi, ich bin …
Hallo, das ist …
Also, das hier ist …

### einen Vortrag / eine Präsentation / … beginnen

Ich begrüße Sie alle herzlich zu …
Ich spreche heute über / von …
Meine sehr geehrten Damen und Herren, …

## unpersönliche Ausdrücke

### Formen

Es kommt oft vor, dass man nicht sagt, wer etwas getan hat: Weil das klar ist, weil man es nicht weiß, weil jeder gemeint ist oder weil man es nicht sagen möchte (s. Lektion 14: Passiv im Kontext).
Dazu hat man verschiedene Möglichkeiten:

| | |
|---|---|
| man | Um diesen Fall schnell zu lösen, müsste **man** unsere besten Leute beauftragen. |
| ist ... zu | Dieser Fall **war** leicht **zu** lösen. |
| lässt sich | Dieser Fall **ließ sich** leicht lösen. |
| sich | Und am Ende hat **sich** dieser Fall wie von selbst gelöst. |
| -bar | Meinen Sie, dieser Fall ist **lösbar**? |
| Passiv | Na klar, dieser Fall **wird** bald **gelöst**. |
| Nomen-Verb-Verbindungen | Lieber Herr Kollege, dieser Fall muss rasch **zu einem Abschluss kommen**. |
| lassen | Vielleicht hat auch jemand die Unterlagen verschwinden **lassen**! |

## Modalverben: Vermuten und Einschätzen

| Sie | | | |
|---|---|---|---|
| | **muss** <br> **dürfte** <br> **müsste** | zu Hause sein. | Ich glaube, sie ist zu Hause. Ich bin mir (ziemlich) sicher. |
| | **wird** <br> **kann** <br> **könnte** | | Ich glaube, sie ist zu Hause. Ich bin mir aber nicht sicher. |

### Formen (Vergangenheit)

Sie **muss**/**dürfte** ... zu Hause **gewesen sein**.

## Modalverben: Absicht

### mit *sollen*

Das Ganze **soll zeigen**, dass die Sache gar nicht so schwer ist.
= **Jemand will**/**möchte zeigen**, dass ...

## konsekutive Angaben: eine Folge angeben

### mit *sodass*

Es schneite ununterbrochen, **sodass** die Tiere im Schnee versanken.

## verkürzte Antworten

Man antwortet oft kurz und nicht mit einem ganzen Satz:

Wann kommst du? – **So gegen drei.** (statt: Ich komme so gegen drei Uhr.)
Bist du oft hier? – **Nur manchmal.** (statt: Nein, ich bin nur manchmal hier.)

# In zwei Kulturen zu Hause

*„Ich persönlich sitze in Deutschland nicht zwischen zwei Stühlen, sondern auf einer Couch. Die habe ich mir aus den beiden Stühlen gemacht. Ich empfinde es als großen Luxus, in zwei Kulturen zu Hause zu sein. Das bereichert mein Leben."*

Für Lorand M. ist Chancengleichheit der Schlüssel zur Integration und Bildung die wichtigste Voraussetzung für die berufliche Karriere. Auf der Couch sitzen nicht wenige: Der Anteil der Bevölkerung mit Migrationshintergrund liegt bei 18,4 Prozent. Aber das sind nur die Ergebnisse von Messungen und Veränderungen seit 1950. Auf einer Couch oder verschiedenen Stühlen saßen die Menschen in Europa immer wieder. Der Wunsch, „beide Stühle" zu erhalten und zu pflegen, die Kultur der Heimat nicht zu vergessen, sich mit der neuen Kultur positiv zu arrangieren, es sich also auf den verschiedenen Sofas gemütlich einrichten zu können, ist der Wunsch vieler. Dies allen zu ermöglichen, ist für die EU eine der großen Herausforderungen der Zukunft.

*Das Land, das die Fremden nicht beschützt, geht bald unter.*

*[Johann Wolfgang von Goethe, 1759–1832]*

## München hat die meisten Ausländer

Im Rahmen der Vorstellung des Statistischen Jahrbuchs für Bayern haben die Statistiker die Isar-Metropole zur bunt gemischtesten Stadt Deutschlands gekrönt. Die knapp 298 000 Ausländer in München stellten 2005 23,8 Prozent der Einwohner, damit hat die bayerische Landeshauptstadt bundesweit den höchsten Ausländeranteil.

Sogar Nürnberg und Augsburg lägen mit je 18 Prozent noch vor Berlin, das im Vergleich der kreisfreien Städte und Landkreise mit einem Ausländeranteil von 13,4 Prozent weiter hinten rangiere.

### AUSLÄNDISCHE WOHNBEVÖLKERUNG IN DER SCHWEIZ

**2007**
Total: 1'602'093

| | |
|---|---|
| Deutschland | 203'225 |
| Frankreich | 79'278 |
| Italien | 291'185 |
| Portugal | 183'028 |
| Spanien | 65'850 |
| Türkei | 73'157 |
| Ex-Jugosl. | 325'671 [ohne Slowenien] |

Der Anteil der ausländischen Wohnbevölkerung in der Schweiz betrug 2007 22,1 Prozent. Werden Kurzaufenthalter und Personen im Asylprozess nicht berücksichtigt, reduziert sich dieser Anteil auf 21,1 Prozent. Einzig Luxemburg und Liechtenstein weisen noch höhere Anteile – von über einem Drittel – auf.

**Ausblick für 2035:**
28 Prozent Ausländer in Wien
Diese neue Prognose macht
vor allem den Zuzug aus EU-
Ländern dafür verantwortlich.
Für bestimmte Stadterweite-
rungsgebiete werden bis zu
60 Prozent vorausgesagt.

spezielle Informationen zusammenfassen und weitergeben +++ spezielle Informationen zusammenfassen und weitergeben +++ spezielle In
weitergeben **spezielle Informationen zusammenfassen und weitergeben** +++ spezielle Informationen
zusammenfassen und weitergeben +++ spezielle Informationen zusammenfassen und weitergeben +++ spezielle Informationen zusammen

# 14
# Nachgemacht?

**A**

**B**

**D**

**C**

| 1 | Was könnten die Fotos mit dem Thema „Nachgemacht?" zu tun haben? |
|---|---|
| 2 | Was könnte noch zum Thema passen? Sammeln Sie. |

**Lernziel: spezielle Informationen einholen, zusammenfassen
und weitergeben**

→ Sachverhalte beurteilen
→ in einem Gespräch kritisch nachfragen
→ Gehörtes, Gelesenes im Gespräch weitergeben
→ neue Informationen in ein Gespräch einbringen
→ Informationen aus verschiedenen Quellen in ein Projekt einbringen

**Textsorten**

Vorwort (Auszug)
Fachtexte ● Interneteinträge
Kurzbericht ● Vorschriften
Informationsgespräch
Interview mit einem Fachmann

**A**

**A1** „Ausgewanderte Wörter"

**a** Ordnen Sie die drei Wörter den passenden Definitionen zu.

**1** wandern  **2** einwandern  **3** auswandern

**A** die eigene Heimat verlassen, weil man dort nicht mehr leben kann, will oder darf: ............

**B** in ein Land ziehen, um dort zu leben, zu arbeiten und für immer dort zu bleiben: ............

**C** eine größere Strecke in der Natur zu Fuß gehen: ............

**b** Was bedeutet der Begriff „ausgewandertes Wort"?
Und warum gibt es wohl ausgewanderte Wörter? Sammeln Sie im Kurs Ideen
und vergleichen Sie dann mit dem Text auf Seite 143. (Lösen Sie dazu auch die Aufgaben.)

2.16

**A2** Aus dem Deutschen ausgewandert

**a** Hören Sie Sätze in verschiedenen Sprachen.
Können Sie die aus Deutschland ausgewanderten Wörter entdecken?

**b** Lesen Sie nun die ausgewanderten Wörter aus a. Erkennen Sie die Wörter?
Wie schreibt man sie im Deutschen, wie in der neuen Umgebung?
Ergänzen Sie die beiden ersten Spalten in der Tabelle.

Finnland 🇫🇮 : kaffepaussi  Ungarn 🇭🇺 : vigéc  Japan 🇯🇵 : arubaito  Südafrika (Afrikaans) 🇿🇦 :
kanitzeen boot  Frankreich 🇫🇷 : vasistas  Polen 🇵🇱 : wihajster  Frankreich 🇫🇷 : la manschaft

**c** Was bedeuten die Wörter in ihrer neuen Sprachumgebung? Raten Sie zu zweit:
Welche Bedeutung passt wo? Vergleichen Sie dann mit den Lösungen auf Seite 142.

Nebenjob  Vertreter  außer Betrieb  Dingsbums  Dachfenster  Unterseeboot  die deutsche Elf

| Ursprüngliches Wort | Ausgewandertes Wort in der neuen Heimat | Bedeutung in der neuen Heimat |
|---|---|---|
| Deutsche Fußball-Nationalmannschaft | ................................... | ................................... |
| Wie geht's? | ................................... | ................................... |
| ................................... | kaffepaussi | ................................... |
| ................................... | wihajster | ................................... |
| Kann nicht sehen. | ...................... *boot.* | ................................... |
| ................................... | vasistas | ................................... |
| Arbeit | ................................... | |

**A3** Gibt es auch in Ihrer Sprache Wörter, die ursprünglich aus dem Deutschen
oder einer anderen Fremdsprache stammen? Erzählen Sie.

# B  Nachmachen verboten!

**B1** Gefälschte Produkte am Flughafen

**a** Lesen Sie die Meldung vom Zollamt Friedrichshafen. Welche Definition passt zu welchem Begriff? Ergänzen Sie neben den Begriffen die passenden Buchstaben.

### Falsche Uhren am Flughafen Friedrichshafen

Zwei aus Thailand zurückgekehrte Reisende hatten neun gefälschte Markenuhren im Gepäck. Wegen Verstoßes gegen das Markenschutzgesetz stellten die Beamten die Uhren zunächst sicher. Der Markenrechtsinhaber wurde informiert und hat zu entscheiden, ob die Uhren überlassen werden können oder zivilrechtlich gegen die Einführer* vorgegangen wird.

\* Einführer: Person, die eine Ware o. Ä. mitbringt oder einführt

**1** Markenrechtsinhaber [ ]

**2** Markenartikel oder Markenprodukte [ ]

**3** Markenschutzgesetz [ ]

**4** Patent [ ]

**A** Gesetz, das Waren eines bestimmten Herstellers vor Fälschungen schützt.

**B** Schutzrecht für eine Erfindung oder ein Produkt: Nur der Besitzer des Schutzrechts darf die Erfindung / das Produkt kommerziell nutzen.

**C** Waren, die von einem Hersteller mit bekanntem und geschütztem Namen stammen.

**D** Hersteller, der allein das Recht hat, eine bestimmte Ware herzustellen und kommerziell zu nutzen.

**b** Wie denken Sie darüber? Sollte man den Reisenden die Uhren wegnehmen? Sollte man sie bestrafen? Sprechen Sie im Kurs.

AB 1, 2 → **W**ORTSCHATZ 1, 2

**c** Lesen Sie die Zollinformationen. In welchen Fällen beschlagnahmt die deutsche Zollbehörde die Waren? Sprechen Sie.

Unter folgenden Voraussetzungen wird die Zollbehörde **nicht tätig**, auch wenn sie gefälschte Waren im persönlichen Gepäck des Reisenden findet:

Die Waren haben keinen kommerziellen Charakter und

- der Warenwert aller Waren beträgt nicht mehr als 430 Euro (Einkaufspreis im Urlaubsland); dies gilt für See- und Flugreisen.
- der gesamte Warenwert beträgt nicht mehr als 300 Euro (Einkaufspreis im Urlaubsland), gilt für Personen, die auf einem anderen Verkehrsträger einreisen (z. B. Pkw oder Bahn).
- der gesamte Warenwert beträgt nicht mehr als 175 Euro; gilt für alle Personen unter 15 Jahren (bei allen Verkehrsmitteln).

Gibt es aber einen begründeten Verdacht auf kommerzielle Nutzung der Waren, schreitet die Zollbehörde ein, auch wenn die Wertgrenzen nicht überschritten werden.

**Keine Ausnahmeregelungen gibt es im Postverkehr:** Sollte die Sendung auch nur einen gefälschten Artikel enthalten, schreitet die Zollbehörde ein.

> Beschlagnahmt werden die Gegenstände, wenn ganz klar ist, dass ...

 2.17

**d** Warum ist man so streng? Hören Sie, welche Gründe der Zollbeamte nennt. Welche Aussagen haben Sie nicht gehört? Streichen Sie sie durch.

1 Ein Fälscher klaut die schöpferische Leistung eines anderen und bereichert sich.
2 Patente sorgen dafür, dass nur der Produzent Geld verdient.
3 Fälschungen sind selten Risiken für Gesundheit und Leben.
4 Fälscher verdienen viel Geld.
5 Es gibt keine Garantieleistungen bei Fälschungen.
6 Der Handel mit Fälschungen gefährdet Unternehmen und Arbeitsplätze.

**e** Beurteilen Sie den Vorfall in a nun anders? Sprechen Sie im Kurs. Begründen Sie Ihre Meinung mithilfe der Informationen in c und d.

○ 2.18,19

**B2**  **Patentrecht in der Krise?**

**a**  Lesen Sie die Fragen. Hören Sie dann das Interview im Radio. Lösen Sie danach
die Aufgaben. Konzentrieren Sie sich beim ersten Hören auf die Antworten zu Frage 1,
beim zweiten Hören auf die Antworten zu Frage 2.

1  Warum muss laut Dr. Lindemeier das jetzige Patentrecht erhalten werden? Kreuzen Sie an.

☐ Geistiges Eigentum und Erfindungen können durch das Patentrecht nicht gestohlen werden.
☐ Mit den Ideen und Erfindungen eines Einzelnen soll jeder reich werden können.
☐ Das geistige Eigentum darf von der Öffentlichkeit genutzt werden. Dafür verdient der
Erfinder daran Geld. Dieses Geld lässt sich in neue Erfindungen investieren.

2  Welche Probleme sieht Professor Altringer im heute gültigen Patentrecht?
Kreuzen Sie an.

☐ Die Erfindungen kleiner Leute werden von großen und geschäftstüchtigen
Unternehmen patentiert, obwohl sie selbst nicht die Erfinder sind.
☐ Erfindungen, mit denen sich kein Geld verdienen lässt, die aber lebensrettend für
arme Länder sind, werden trotzdem auf den Markt gebracht.
☐ Andere Länder könnten wichtige Medikamente erfinden. Diese wären für uns aber
nicht bezahlbar.

**b**  Wie holen die Gesprächsteilnehmer in dem Gespräch Informationen ein?
Mit welcher Intention tun sie das? Schreiben Sie die beiden
Tabellenüberschriften in die richtige Spalte.

AB 3–9

... kann ... verlängert werden
... lässt sich ... investieren
GRAMMATIK 3–9

kritisch nachfragen oder etwas einwenden ●
nachfragen, um besser zu verstehen

| | |
|---|---|
| Was meinen Sie mit ...? | Ich habe (aber) gehört, dass ... |
| Und warum ist das so? | Sind Sie (sich) sicher? |
| Wie können Sie das erklären? | Soviel ich weiß, ... |
| Verstehe ich Sie richtig, dass ...? | Woher wissen Sie, dass ...? |
| Heißt / Bedeutet das, ...? | Woher haben Sie die Informationen? |
| Entschuldigung, ich verstehe nicht ganz, ... | Wie kommen Sie denn darauf? |
| Können Sie mir dafür ein Beispiel geben / nennen? | |

AB 10–17

SÄTZE BAUEN 10–15
PHONETIK 16
TEXTE BAUEN 17

**B3**  **Ärger an einer EU-Grenze: Rollenspiel**

1  Bilden Sie Gruppen mit je vier oder fünf Personen. Eine/r spielt den Zollbeamten.
Die anderen sind Touristen, die an einer EU-Grenze mit gefälschten Taschen, Uhren und
Schuhen erwischt worden sind, aber nicht verstehen können, dass sie deswegen Ärger haben.

2  Schreiben Sie die Ausdrücke und Wendungen aus B2b auf einzelne Kärtchen und
verteilen Sie die Kärtchen auf dem Gruppentisch.

3  Notieren Sie sich vor dem Gespräch Ihre Argumente.

4  Diskutieren Sie nun mit dem Zollbeamten, fragen Sie nach oder/und zeigen Sie Ihr Unverständnis.
Benutzen Sie dabei auch die Ausdrücke auf den Kärtchen.

**1** **Warum Passiv?**

**a** Lesen Sie die beiden Sätze und ordnen Sie zu: Aktiv ........ Passiv ........

A

> Ich beschlagnahme die Gegenstände,
> wenn ganz klar ist, dass die reisende
> Person mit den Waren handeln will.

B

Gegenstände werden beschlagnahmt, wenn ganz klar ist,
dass die reisende Person mit den Waren handeln will.

**b** Lesen Sie noch einmal die Sätze A und B. Welche Aussage stimmt? Kreuzen Sie an.

☐ 1 Im Aktivsatz und im Passivsatz passiert mit den Gegenständen dasselbe.
☐ 2 Im Aktivsatz und im Passivsatz passieren mit den Gegenständen unterschiedliche Dinge.
☐ 3 Im Aktivsatz steht, wer etwas tut.
☐ 4 Im Passivsatz steht nicht, wer etwas tut.

**c** Warum fehlt in den folgenden Sätzen der „Täter", also die Person, die etwas tut, getan hat?
Was glauben Sie? Wählen Sie zu den Sätzen 1–8 von den Erklärungen a–d
die passendste/n aus und vergleichen Sie dann.

a Es ist klar, wer der Täter ist, und deshalb nennt man ihn nicht.
b Es ist nicht wichtig, wer der Täter ist. Man braucht ihn nicht zu nennen.
c Man weiß nicht, wer der Täter ist. Man kann ihn also nicht nennen.
d Man will nicht sagen, wer der Täter ist.

1 Die Waren wurden im persönlichen Gepäck des Reisenden mitgeführt. ......
2 Wegen Verstoßes gegen das Markenschutzgesetz wurde der Markenrechtsinhaber informiert. ......
3 Wenn die Sendung einen gefälschten Artikel enthält, wird dieser beschlagnahmt. ......
4 Lebensrettende Erfindungen müssen gefördert werden. ......
5 Eine Gruppe von Touristen wurde an einer EU-Grenze mit gefälschten Uhren erwischt. ......
6 Immer wieder werden Erfindungen gestohlen und kopiert. ......
7 Leider sind diese Dinge in unserer Abteilung immer wieder übersehen worden. ......
8 Waren im Wert von über 175 Euro dürfen nicht eingeführt werden. ......

**d** Wie formulieren Sie das in Ihrer Muttersprache (Sätze 1–8)?

**2** *sein / werden* und Partizip II im Kontext

**a** Büroalltag: Lesen Sie die Antworten 1–4.

▼ Noch zehn Minuten bis zur Sitzung. Herr Müller, wo bleiben die Unterlagen?

1 Gleich, gleich! Die **werden** gerade **kopiert**.

2 Die **sind schon kopiert.** Ich habe sie gerade in den Konferenzraum gebracht.

3 Die **wurden** bereits **kopiert** und liegen im Konferenzraum.

4 Die **kopierten Unterlagen** liegen im Konferenzraum.

**b** Konzentrieren Sie sich auf die markierten Satzteile. Auf welche Antwort trifft was zu?
Kreuzen Sie an.

| | Satz 1 | Satz 2 | Satz 3 | Satz 4 |
|---|---|---|---|---|
| a Etwas ist nicht fertig. | ☐ | ☐ | ☐ | ☐ |
| b Etwas ist fertig. | ☐ | ☐ | ☐ | ☐ |
| c Das Hilfsverb in diesem Satz ist *sein*. | ☐ | ☐ | ☐ | ☐ |
| d Das Hilfsverb in diesem Satz ist *werden*. | ☐ | ☐ | ☐ | ☐ |

AB 32 →

## Bank statt Eltern?

**C1**    Betrachten Sie das Foto. Was macht die Studentin und warum? Was glauben Sie? Sammeln Sie Ihre Vorschläge im Kurs.

**C2**    Studiengebühren und ihre Folgen

**a**    Welche Folgen von Studiengebühren werden in dem Text erwähnt? Unterstreichen Sie.

**Studiengebühren – alle machen's nach.** Um die 500 Euro muss man in Deutschland pro Semester an den meisten Hochschulen zahlen, wenn man studieren will, in der Schweiz sind es etwas mehr, in Österreich für EU-Angehörige etwas weniger*. Noch wird darüber gestritten, ob die Studiengebühren neben einer Verbesserung der Studienbedingungen auch zu einem Rückgang der Studentenzahlen führen. Kritiker der Studiengebühren heben hervor, dass gerade Abiturienten aus finanziell schwachen Elternhäusern durch die Abgaben benachteiligt würden. Andere sehen die Studiengebühren als kleinen Beitrag zu den steigenden Kosten eines Studienplatzes, für den nicht nur der Steuerzahler aufkommen soll. Die Einführung der Studiengebühren hat aber nicht nur für Diskussionen in der Hochschullandschaft gesorgt, sondern hat auch einen undurchsichtigen und unübersichtlichen Markt für Studentenkredite geschaffen.

\* Aktuelle und genauere Daten zu den einzelnen Studiengebühren / Studienbeiträgen finden Sie im Internet.

**b**    Welche Folgen hat das wohl für den einzelnen Studenten? Welchen Bezug sehen Sie zum Foto in C1? Wie ist das in Ihrer Heimat? Wie beurteilen Sie persönlich die Einführung von Studiengebühren? Sprechen Sie.

**C3**    Letzter Ausweg: Ein Kredit?

**a**    Lesen Sie den folgenden Ausschnitt von einer Homepage. Könnte diese Seite wertvolle Tipps für einen Studenten in Geldnot enthalten? Warum? Warum nicht?

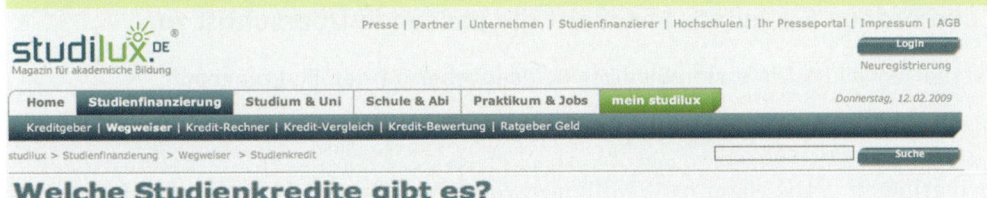

Benjamin Breuer,
Geschäftsführer
von Studilux

**b**    Arbeiten Sie zu zweit. Partner/in A liest die Tipps auf Seite 140, Partner/in B die auf Seite 143. Markieren Sie die Informationen, die Ihrer Meinung nach wichtig oder interessant sind.

**c**    Was sollte man als Student bedenken und beachten, wenn man sein Studium mit einem Kredit finanzieren möchte? Tauschen Sie sich aus. Verwenden Sie dabei auch die folgenden Wendungen und Ausdrücke.

| Man sollte sich wirklich überlegen, ob … | Etwas Ähnliches habe ich auch gelesen … | Bei diesem Stichwort fällt mir ein … |

**Man / … sollte Du solltest …**
GRAMMATIK 20

AB 18–21

Einen ähnlichen Rat / Etwas Ähnliches / … habe ich auch schon gelesen / … ■
Ich habe etwas Ähnliches gelesen … ■
Bei diesem Stichwort / Dabei fällt mir ein, dass … ■ Dabei fällt mir … ein. ■
Mir hat jemand gesagt, …

**WORTSCHATZ 18, 19
SÄTZE BAUEN 21**

# D Ideengeber Natur

**D1** Biologie und Technik

**a** Woran haben sich die Erfinder orientiert? Schreiben Sie die Wörter unter die Fotos. Sprechen Sie.

Gummiglocke ◼ Pinzette ◼ Flossen ◼ Saugnäpfe ◼ Schwimmfüße ◼ Schnabel

A

B

C

1
..................................

2
..................................

3
..................................

**b** Was macht man mit den Erfindungen A–C? Sprechen Sie.

Damit kann man …　Das/Die nimmt man, um …　… braucht man, um …

**D2** Was macht die Bionik?

**a** Lesen Sie den Text und ordnen Sie jedem Abschnitt die passende Überschrift zu.

Biologie: Lehrmeister für die Technik ◼ Die ersten Bioniker ◼ Ideengeber für den Flugzeugbau?

..................................
„Berechnungen unserer Ingenieure haben ergeben, dass die Hummel nicht fliegen kann. Da die Hummeln das nicht wissen, fliegen sie trotzdem." Das zitierte Plakat hängt in der Fertigungshalle der Flugzeugbauer von Boeing. Ihnen gelingt es zum Glück, auch ohne das Flugprinzip der Hummeln 100-prozentig verstanden zu haben, erfolgreiche und zuverlässige Flugzeuge zu bauen.

..................................
Die Natur hatte Millionen von Jahren Zeit, um raffinierte Konstruktionen und Problemlösungen zu entwickeln. Diese Zeit haben Wissenschaftler nicht. Aber sie können von der Genialität der Natur lernen. Die Devise lautet, nicht die Natur zu kopieren, sondern sich die Natur zum Vorbild zu nehmen und von ihrem Erfindungsreichtum zu profitieren.

..................................
Pionier der Bionik war ein Universalgenie: Leonardo da Vinci. Sein Versuch, aus genauester Beobachtung und Dokumentation des Vogelflugs Hinweise zum Bau einer Flugmaschine zu gewinnen, scheiterte an den begrenzten Mitteln seiner Zeit. Rund 400 Jahre später kam Otto Lilienthal etwas weiter und flog mit seinem „Flugapparat" tatsächlich. (…) Lilienthal bezahlte seine Pioniertat aber mit dem Leben: Bei einem Gleitflug stürzte er 1896 tödlich ab. Da Vinci und Lilienthal gelten den heutigen Bionikern als Begründer ihrer Wissenschaft.

AB 22, 23　WORTSCHATZ 22, 23

**W**

**b** Steht das im Text? Ja oder nein? Kreuzen Sie an.

ja   nein

1 Die Ingenieure können keine funktionierenden Flugzeuge bauen, ohne dass sie
genau verstehen, wieso ein Insekt fliegen kann.    ☐   ☐

2 Wissenschaftler lösen technische Probleme, indem sie die Natur nachmachen.    ☐   ☐

3 Durch genaues Beobachten des Vogelflugs versuchte Leonardo da Vinci
zu erforschen, wie eine Flugmaschine funktionieren könnte.    ☐   ☐

4 Da Vinci und Lilienthal zählen zu den bedeutendsten Bionikern der Gegenwart.    ☐   ☐

AB 24–28    **modale Angaben**
GRAMMATIK 24–28

**D3** Informationen einholen zu dem Seminarthema „Konkretes aus der Bionik"

**a** Sammeln Sie im Kurs Wendungen und Ausdrücke für die Wiedergabe
von Textinhalten. (Siehe auch Seite 76, 90.)

**b** Arbeiten Sie zu dritt. Sehen Sie sich folgende drei Themen an und
verteilen Sie sie in Ihrer Dreiergruppe.

| Person 1 | Person 2 | Person 3 |
|---|---|---|
| **Bionik im Alltag und in der Prothetik** | **Mensch und Tier als Vorbild** | **Alltagsbionik und Konstruktionsbionik** |
| Lesen Sie die Texte und lösen Sie die Aufgaben auf Seite 136. | Lesen Sie die Texte und lösen Sie die Aufgaben auf Seite 138. | Lesen Sie die Texte und lösen Sie die Aufgaben auf Seite 141. |

**c** Tauschen Sie sich nun über das Gelesene aus. Gehen Sie dabei vor wie im Folgenden
(Runde 1–3) beschrieben.

Runde **1** Person 1 fängt an. Sie erzählt, was sie in ihren Texten gelesen hat. Person 2 und Person 3 hören zu
und unterbrechen, wenn sie in ihren Texten etwas gelesen haben, was zu dem Thema passt.
Sie legen dabei die entsprechenden Inhaltskarten ab.
Verwenden Sie auch die unten stehenden Wendungen und Ausdrücke sowie die in a gesammelten.
Haben Sie noch Inhaltskarten? Dann starten Sie in die zweite Runde.

> In meinem Text geht es um technische
> Erfindungen, für die der Mensch ein
> Vorbild ist. Wissenschaftler versuchen
> Arme, Beine, Augen und Ohren technisch
> zu kopieren. Ein Beispiel dafür ist
> eine spezielle Hörprothese ...

> Ich würde hier noch gern
> ergänzen, was ich über
> Prothesen gelesen habe ...

Ich würde gern direkt etwas dazu sagen. ...
Ich habe da gerade etwas gelesen, was genau dazu passt.
Darf ich dazu noch schnell etwas sagen? ...
Bevor Sie zum nächsten Punkt kommen, möchte ich ... /
  Bevor ich zum nächsten Punkt komme, möchte ich ...
Ich würde hier noch gern ergänzen, was ich gelesen habe ...
Ich möchte an dieser Stelle hinzufügen, dass ...

AB 29–31    SÄTZE BAUEN 30, 31
PHONETIK 29

Runde **2** Person 2 erzählt aus ihren Texten. Person 1 und Person 3 agieren wie in Runde 1 beschrieben.
Haben Sie noch Inhaltskarten? Dann starten Sie in die dritte Runde.

Runde **3** Person 3 berichtet nun aus ihren Texten. Person 1 und Person 2 agieren wie beschrieben.

## Fokus Grammatik: modale Angaben

**1 a** Lesen Sie die folgenden Textauszüge. Achten Sie auf die markierten Stellen, wo ausgedrückt wird, mit welchen Mitteln, auf welche Art er/man etwas löst, macht.

**A**
Schon Leonardo da Vinci erforschte, wie Menschen fliegen könnten. Durch genaues Beobachten des Vogelflugs versuchte er herauszubekommen, wie eine Flugmaschine funktionieren könnte.

**B**
Eine große Anzahl technischer Probleme konnte in der Vergangenheit gelöst werden, indem man die Natur imitiert hat.

**C**
Wege entstehen dadurch, dass man sie geht.

(Franz Kafka)

**b** Wie kann/konnte man die Dinge lösen? Ergänzen Sie. Vergleichen Sie dann.

indem ▪ dadurch, dass ▪ durch

1 Nur ............. langes Nachdenken bin ich auf die Lösung gekommen.

2 Manche Menschen lernen das Skifahren schon ............. , ............. sie einer anderen Person dabei zuschauen.

3 Wie hast du die Spätzle so gut hingekriegt? – ............. ich viele Eier genommen und den Teig lange geknetet habe.

4 Die Situation wird ............. Nichtstun auch nicht besser.

5 ............., ............. sie nichts wegwerfen konnte, ist ein riesiges Archiv entstanden.

6 Die Mannschaft festigte ihre Tabellenführung, ............. sie auch dieses Spiel 3 : 1 gewann.

**2 a** Lesen Sie die folgenden Textauszüge. Achten Sie auf die markierten Stellen. Hier wird ausgedrückt, dass etwas fehlt (z. B. Hilfe, Wissen, Mittel, Umstand) oder nicht gebraucht wird.

**D**
Den Flugzeugbauern von Boeing gelingt es zum Glück, auch ohne das Flugprinzip der Hummeln 100-prozentig verstanden zu haben, funktionierende Flugzeuge zu bauen.

**E**
Ich koche nur ohne Rezept.

**F**
Wie lange kann man Wein aufheben, ohne dass er kaputtgeht?

**b** Ergänzen Sie.

ohne dass ▪ ohne ... zu ▪ ohne

1 ................. ein Mindestmaß an Grundkenntnissen kann man diesen Job nicht machen.

2 Der Mörder verschwand ................. ein Geräusch durch einen Seiteneingang.

3 ................. auch nur eine Sekunde ................. zögern, öffnete sie ihren Geldbeutel und zog den Hunderteuroschein heraus.

4 Und dann verließ sie schnell das Kaufhaus, ................. an der Kasse bezahlt ................. haben.

5 Der Heimwerker: ................. seine Bohrmaschine ist er verloren.

6 ................. er große Lust dazu verspürte, machte er sich an die Arbeit.

AB 33

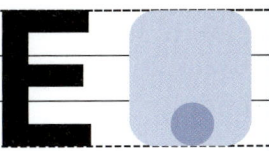
**E1** **a** Sicherlich gibt es ein aktuelles Thema, über das zurzeit alle sprechen und schreiben. Es kann um Politik, Wirtschaft, Kultur, irgendein Fachgebiet oder auch um ein Klatschthema gehen. Sammeln Sie gemeinsam im Kurs.

**b** Einigen Sie sich auf ein Thema.

**c** Sammeln Sie dazu Zeitungs- oder Zeitschriftenartikel, Notizen aus Radio- und Fernsehsendungen sowie Material aus dem Internet.

**E2** Ihr Thema – sowohl mündlich als auch schriftlich

Bilden Sie zwei Kleingruppen. Jede Gruppe löst erst Aufgabe A (mündlich), dann Aufgabe B (schriftlich).

### A Mündliche Aufgabe

- Verteilen Sie das Informationsmaterial innerhalb Ihrer Gruppe.

- Lesen Sie Ihren Text / Ihr Material, den/das Sie bekommen haben, und machen Sie sich Notizen.

- Eine Teilnehmerin / Ein Teilnehmer berichtet über die Informationen aus ihrem/seinem gelesenen Text/Material.

- Die anderen ergänzen, widersprechen, korrigieren oder fragen nach.

- Verwenden Sie dabei auch Ausdrücke und Wendungen, die Sie in dieser Lektion gelernt haben.

### B Schriftliche Aufgabe

- Sichten Sie das gesamte Informationsmaterial, das Sie im Kurs gesammelt haben, in der Gruppe.

- Notieren Sie wichtige und interessante Informationen.

- Schreiben Sie einen zusammenfassenden Text mit allen wichtigen Informationen von ungefähr einer Seite (120–150 Wörter).

- Schreiben Sie den Text auf eine Folie oder verteilen Sie Kopien des Textes in der anderen Gruppe.

- Die andere Gruppe markiert besonders gelungene Stellen, unterstreicht schwer verständliche Sätze und korrigiert Fehler.

- Überarbeiten Sie dann Ihren Text. Haben Sie Fragen? Besprechen Sie diese im Kurs.

spezielle Informationen zusammenfassen und weitergeben

**Textinhalte wiedergeben**

In dem Text von … steht, dass …
In dem Text / Hier geht es um …
Der Autor schreibt, dass …

**nachfragen, um besser zu verstehen**

Was meinen Sie mit …?
Und warum ist das so?
Wie können Sie das erklären?
Verstehe ich Sie richtig, dass …?
Heißt / Bedeutet das, …?
Entschuldigung, ich verstehe nicht ganz, …
Können Sie mir ein Beispiel geben?

**nachfragen oder etwas kritisch einwenden**

Ich habe (aber) gehört, dass …
Sind Sie (sich) sicher?
Soviel ich weiß, …
Woher wissen Sie, dass …?
Woher haben Sie die Informationen?
Wie kommen Sie (denn) darauf?

**inhaltlich etwas hinzufügen**

Ich würde gern direkt etwas dazu sagen. …
Ich habe da gerade etwas gelesen, was genau dazu passt …
Darf ich dazu noch schnell etwas sagen? …
Bevor Sie zum nächsten Punkt kommen, möchte ich … / Bevor ich
    zum nächsten Punkt komme, möchte ich …
Ich würde hier noch (gern) ergänzen, was ich gelesen habe …
Ich möchte an dieser Stelle hinzufügen, dass …

**Anknüpfen an Gesagtes oder Vorgegebenes**

Ich kenne etwas Ähnliches, …
Bei diesem Stichwort / Dabei fällt mir ein, dass …
Übrigens …
Einen ähnlichen Rat / Etwas Ähnliches / … habe ich auch schon
    gehört / gelesen / …
Dabei fällt mir … ein.
Mir hat jemand gesagt, dass …

# Grammatik

## Passiv im Kontext

**Warum Passiv?**

| | |
|---|---|
| Dieser Fall wurde schnell gelöst. | Es ist klar, wer den Fall gelöst hat. Man muss nicht extra sagen, dass es die Mitarbeiter der Polizei waren. |
| Gestern Morgen wurden drei Einbrüche begangen. | Man weiß (noch) nicht, wer es getan hat. |
| Und mit diesem Schlüssel wird unser großer Tresor geöffnet. | Jeder ist gemeint: Wer den Schlüssel hat, kann den Tresor öffnen. |
| Bei der Auflösung des Falles wurden auch Fehler gemacht. | Man möchte nicht sagen, wer die Fehler gemacht hat. |

**Fertig oder nicht?**

| | |
|---|---|
| Der Fall **wurde** längst **gelöst**. Der Fall **ist** längst **gelöst**. | Der Fall ist abgeschlossen, es gibt nichts mehr zu tun. |

## modale Angaben

**Wie man etwas macht (Mittel, Art und Weise, …)**

mit Konjunktionen
**Dadurch**, **dass** sie lange nachgedacht hat, hat sie das Problem gelöst.
**Indem** sie lange nachgedacht hat, hat sie das Problem gelöst.

mit Präposition
**Durch** langes Nachdenken hat sie das Problem gelöst.

**Hier macht man etwas ohne Werkzeug, Hilfe, Wissen, …**

mit Konjunktionen
Sie hat das Problem gelöst, **ohne dass** sie nachgedacht hat.
Sie hat das Problem gelöst, **ohne** nach**zu**denken.

mit Präposition
Sie hat das Problem **ohne** Nachdenken gelöst.

## *du solltest / man sollte*

| | |
|---|---|
| Du solltest doch gestern den Müll runterbringen, mein Lieber! | Vorwurf (Die Person hat es nicht gemacht.) |
| Du solltest wirklich mal den Müll runterbringen, denn langsam fängt es an, etwas unangenehm zu riechen. | Rat oder Bitte (Jemand empfiehlt es der Person.) |
| Aus hygienischen Gründen sollte man den Müll regelmäßig aus seiner Wohnung schaffen. | allgemeine Empfehlung (Jeder sollte das regelmäßig tun.) |

# „Theater macht die Welt nicht nach, …

Theater bringt die Welt auf die Bühne."
Kleiner Spaziergang durch die vielfältige
und spannende deutschsprachige
Theaterlandschaft.

**Theater bieten mehr als
„Bühnenunterhaltung".**

**Europa im Diskurs**
Auch in diesem Jahr setzt das Burgtheater
die Beschäftigung mit Europa, seiner Gegenwart
und Zukunft, fort. Nach der erfolgreichen Reihe
*Reden über Europa* werden in dieser Spielzeit
unter dem Titel *Europa im Diskurs* wieder
Politiker, Wissenschaftler, Kulturschaffende
und Journalisten zu Wort kommen.
www.burgtheater.at

Nein, keine Pressekonferenz nach einer nächtlichen
Tarifrunde, sondern eine Szene aus *Dr. Faustus – my love
is a fever* nach Thomas Mann, am Burgtheater in Wien.

Das Schauspielhaus Zürich: eine Institution zeitgenössischer
Inszenierungen

Deutsches Theater in Berlin

In den Tiefen des Burgtheaters

Pausenfoyer im Burgtheater

Das Burgtheater in Wien

Das Burgtheater in Wien:
1741 stellte Kaiserin Maria Theresia dem Theaterunternehmer Selliers ein leeres Ballhaus, neben der Hofburg gelegen, zur Verfügung, um es an Schauspieltruppen für ihre Aufführungen zu vermieten. So begann die Arbeit in einem der berühmtesten Theater der Welt.

Die Feststiege auf der Volksgartenseite

+++ einen kurzen Vortrag halten +++ einen kurzen Vortrag halten +++ einen kurzen Vortrag halten +++ einen kurzen Vortrag halten +++ e
kurzen Vortrag halten +++ einen kurzen Vortrag halten +++ **einen kurzen Vortrag halten** +++ einen kurzen Vortrag ha
+++ einen kurzen Vortrag halten +++ einen kurzen Vortrag halten +++ einen kurzen Vortrag halten +++ einen kurzen Vortrag halten +++ e

# 15 Entdeckt

**C**

**B**

**A**

**E**

**D**

| 1 | Haben die Fotos etwas mit Entdeckungen zu tun? |
| 2 | Was würden Sie gern „entdecken"? Eine Insel, ein …? |

**Lernziel: einen kurzen Vortrag halten**

→ Informationen und Argumente aus verschiedenen Quellen zusammenfassen
→ Informationen und Argumente aus verschiedenen Quellen kommentieren
→ Sachverhalte systematisch erörtern und dabei wichtige Punkte hervorheben
→ etwas verständlich präsentieren und vortragen
→ zu aktuellen oder abstrakten Themen schreiben, die eigene Meinung ausdrücken
→ Vorteile und Nachteile aus verschiedenen Angeboten herauslesen
→ zwischen Tatsache, Meinung und Schlussfolgerung unterscheiden

**Textsorten**

Infotext ■ Stichworte aus
einem Reiseführer ■ Plakat ■
Sachtext ■ Forumsbeiträge ■
touristische Führung ■
Zeitungsüberschriften ■
Interview ■ Werbebroschüre

## Original und Kopie

**A** **a** Schauen Sie sich die beiden Bilder genau an.
Entdecken Sie vier Unterschiede?

Original, 1500,- Euro

Kopie, 200,- Euro

**b** Das Original ist teuer, die Kopie billig zu haben.
Muss es das Original sein? Oder würden Sie sich auch eine Kopie
ins Wohnzimmer hängen? Warum? Warum nicht? Sprechen Sie.

## Für mich entdeckt

LESEN
SPRECHEN

   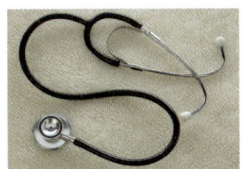

**B1** Welche Erfindung oder Entdeckung ist für Sie besonders wertvoll oder nützlich? Warum?
Machen Sie sich Notizen. Stellen Sie dann diese Erfindung vor.
Verwenden Sie auch die folgenden Wendungen und Ausdrücke.

… hat für mich viele Vorteile. ◼ … hat für mich den Vorteil, dass … ◼
… finde ich großartig. ◼ … vereinfacht mein Leben. ◼ … hilft gegen … ◼
… hilft vielen Menschen. ◼ Ohne … könnte / ist man nicht …

AB 1 ▸ SÄTZE BAUEN 1

# B  Für mich entdeckt

**B2** Entdeckungen, die die Welt veränderten

**a** Was ist eine Zufallsentdeckung? Versuchen Sie, das Wort zu erklären.

**b** Lesen Sie die folgenden Fragen. Lesen Sie dann den Text.
Wo im Text finden Sie die Antworten auf die Fragen?
Notieren Sie die Nummern der Fragen am Textrand.

1 Wer erfand die Mikrowelle? Und wann?
2 Wie ist der Erfinder auf seine Idee gekommen?
3 Wie funktioniert das Gerät?

## Die Mikrowelle, eine Zufallsentdeckung

Als der Wissenschaftler Percy Spencer an einer Radarschüssel vorbeiging und eine
Schokoladentafel in seiner Tasche schmolz, machte er sich erstmals Gedanken
über dieses Phänomen: Was war es, was die Radarschüssel abgab und das seine
Schokolade erwärmte? Schnell fand er die Antwort: Es waren die elektromagnetischen
5 Wellen. Mit dieser Erkenntnis entwickelte er dann 1946 das Gerät, das wir
„Mikrowelle" oder liebevoll „Mikro" nennen. Der sogenannte Radar Range war nicht
nur fast 2 Meter hoch, sondern wog auch stolze 400 Kilo und kostete damals sage und
schreibe 3000 US-Dollar.
Aber warum nur erwärmen Mikrowellen das Essen? Mikrowellen in einem
10 Mikrowellenherd sind elektromagnetische Schwingungen. Durch diese rotieren die
Wasseratome im Rhythmus des sich ändernden elektromagnetischen Feldes.
Diese Rotation erzeugt durch Reibung Wärme – das Essen wird heiß.

**B3** Ist die Mikrowelle eine segensreiche Erfindung?

1 Bilden Sie zwei Gruppen. Gruppe A sucht Argumente für den Gebrauch
der Mikrowelle (lesen Sie auch Seite 137), Gruppe B sucht Gegenargumente
(lesen Sie auch Seite 135).

2 Sammeln Sie im Kurs Ihre Wendungen und Ausdrücke für die Diskussion.
(Die Übersicht auf Seite 118 hilft Ihnen.)

3 Bilden Sie Viergruppen (je zwei Personen aus Gruppe A und Gruppe B).
Führen Sie ein kontroverses Gespräch. Bringen Sie auch Ihre eigene Erfahrung ein.

> Ich bin ein Fan von Mikro-
> wellen. Die sind nicht nur ...,
> sondern auch ...

> Ich bin dagegen, dass man
> Mikrowellen benutzt. Die sind doch
> weder ... noch ... Und außerdem ...

**Texte strukturieren**
GRAMMATIK 2–5

AB 2–9

SÄTZE BAUEN 6
PHONETIK 7
TEXTE BAUEN 8, 9

# Fokus Grammatik: Aussagen im Text strukturieren – Reihung

**1** Manchmal braucht man nur ein *und*.

**a** Lesen Sie die Beispiele und markieren Sie *und*.

A Zu verschenken: Kühlschrank und Mikrowelle

B Bundesanstalt für Arbeitsschutz und Arbeitsmedizin

C Ich kam, sah und siegte. (Julius Cäsar)

D *Ich kündigte meinen Job, schrieb Businesspläne und eröffnete meine Eselsfarm mit fünf Vierbeinern.*

**b** Finden Sie jetzt die Lösung: Welche Funktion kann *und* im Satz haben? Kreuzen Sie an.

1 Verbindet zwei Satzglieder. ☐

2 Kennzeichnet eine Alternative. ☐

3 Zeigt, dass etwas wichtiger ist als etwas anderes. ☐

4 Strukturiert den Text und seine Aussagen. ☐

**2** *und* ist aber nur eine Möglichkeit, um Satzteile aneinanderzureihen.
Lesen Sie die Texte und markieren Sie die folgenden Ausdrücke in den Texten.

außerdem ☐ darüber hinaus ☐ dazu ... (auch) ☐ erstens – zweitens – drittens ☐ neben ... auch ☐
nicht nur ..., sondern auch ☐ sowohl ... als auch ☐ zum einen – zum anderen ☐ sowie

A Percy Spencer entwickelte 1946 das Gerät, das wir „Mikrowelle" nennen. Der sogenannte Radar Range war nicht nur fast zwei Meter hoch, sondern wog auch stolze 400 Kilo und kostete damals sage und schreibe 3000 US-Dollar.

B Dunkle Schokolade kann einen positiven Einfluss auf unsere Gesundheit haben, wenn dieser auch nur klein ist: Dunkle Schokolade enthält Gerbstoffe, die nicht nur für die Bitterkeit sorgen, sondern auch antioxidativ wirken können, was sich positiv z.B. auf Herz-Kreislauferkrankungen auswirken kann. Schokolade kann darüber hinaus das persönliche Wohlbefinden steigern und durch ihren Zuckergehalt den Körper kurzfristig mit Energie versorgen. Dennoch ist Vorsicht geboten: Obst erfüllt den gleichen Zweck und ist ungleich gesünder.

C Mit unserer Kindersoftware lernen Kinder ab vier Jahren spielerisch Englisch. Darüber hinaus fördert das Lernspiel die Konzentrationsfähigkeit und die Kreativität der Kinder.

D In diesen drei Fällen ist die Katastrophenstimmung im Büro sicher: wenn erstens die Lieblingstasse kaputtgeht, zweitens die Topfpflanze stirbt und drittens die Telefonanlage erneuert wird.

E Wie gut das Abitur für einen Studienplatz sein muss, hängt zum einen vom gewünschten Studienort, zum anderen von der Herkunft in Deutschland ab.

F Hier finden Sie alle Rundwanderwege im Überblick. Außerdem alles rund ums Wandern: Schuhe und Ausrüstung, Verpflegung ...

G **Nicht nur gesund, sondern auch lecker**
Kirschen enthalten neben Vitamin B auch das Provitamin A, wichtig für das menschliche Auge, sowie Kalzium und Kalium, dazu Magnesium, Eisen und Phosphor und weitere wichtige Inhaltsstoffe. Außerdem sind sie reich an Vitamin C. Und sie schmecken sowohl Kindern als auch Erwachsenen.

H **Humanmediziner: Sowohl Traumjob als auch Jobtrauma**

**3 a** Ersetzen Sie *und* durch Ausdrücke in Aufgabe 2. Welche sind möglich?

1 Der Radar Range war fast zwei Meter hoch und wog auch stolze 400 Kilo.

2 Die Software macht Spaß und fördert die Kreativität.

3 Das Computerspiel macht den Kindern und den Eltern Spaß.

**b** Mit den Konjunktionen in 2 können Sie Texte variantenreich strukturieren und den Argumenten mehr Gewicht geben. Verwenden Sie diese Ausdrücke auch in Ihren eigenen Texten. Überarbeiten Sie einen Ihrer älteren Texte.

AB 45

**C1** **Betrachten Sie die Fotos. Sprechen Sie zu zweit.**

● Finden Sie einen dieser Orte besonders ansprechend?
● Würden Sie gern mehr über diese Orte erfahren? Warum? Was würden Sie gern erfahren?

Matterhorn mit Riffelsee (CH)

Wackelsteine im Waldviertel (A)

Blautopf in Blaubeuren (D)

◉ 2.20, 21

**C2** **Mit einer Stadtführerin unterwegs in Zermatt**
**a** **Hören Sie und kreuzen Sie an: Zu welchen Aspekten haben Sie etwas gehört?**

geografische Angaben ⬚ ◼ Ortsname ⬚ ◼ Kantonsname ⬚ ◼ Freizeitangebote ⬚ ◼
positive Aspekte der Gegend ⬚ ◼ negative Aspekte der Gegend ⬚ ◼ Naturkatastrophen ⬚ ◼
historische Ereignisse ⬚ ◼ Geschichten/Mythen ⬚ ◼ tragische Unfälle ⬚ ◼
Sportmöglichkeiten ⬚ ◼ Sehenswürdigkeiten ⬚

**b** **Das Matterhorn – eine Legende**
**Was haben Sie über das Matterhorn, seine Umgebung und seine Erstbesteigung erfahren?**
**Ergänzen Sie die Informationen in Stichworten. Arbeiten Sie zu zweit.**

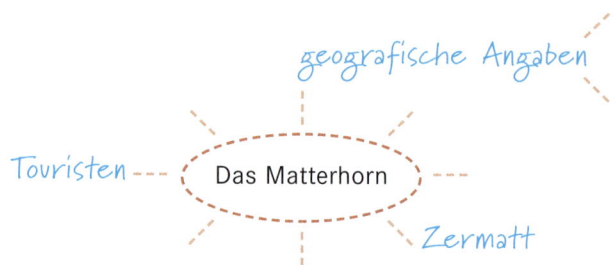

**c** Hören Sie die Führung noch einmal.
Welche Wendungen und Ausdrücke haben Sie gehört? Kreuzen Sie an.

- [ ] 1  In unserer Führung geht es um … ......................................................
- [ ] 2  Ich spreche von … ......................................................
- [ ] 3  Wir befinden uns hier am … ......................................................
- [ ] 4  … liegt in … ......................................................
- [ ] 5  Dort gibt es … ......................................................
- [ ] 6  Ich möchte Ihnen nun … vorstellen … ......................................................
- [ ] 7  Er ist vor allem für … bekannt. ......................................................
- [ ] 8  Hierhin kommen … vor allem … ......................................................
- [ ] 9  Weltweit kennt man … ......................................................
- [ ] 10  Man kann hier … ......................................................
- [ ] 11  Hierhin kommen …, um … ......................................................
- [ ] 12  Man kann dort sowohl … als auch … ......................................................

**lokale Angaben**
GRAMMATIK 10–18

AB 10–25

PHONETIK 22
WORTSCHATZ 19
SÄTZE BAUEN 20, 21
TEXTE BAUEN 23–25

**d** Welche Aspekte (C2a) wurden mit den Wendungen und Ausdrücken eingeleitet?
Notieren Sie in c.

**C3** Projekt: Wofür interessieren Sie sich mehr?
Wählen Sie eins der Themen A–C aus.

> **A** Sie möchten über einen ausgesuchten Ort Ihrer Wahl berichten.
> Sammeln Sie Material (Fotos, Texte, …) im Internet oder in Zeitschriften
> und bereiten Sie als Hausaufgabe eine kurze Präsentation vor.
> Welche Aspekte Sie beachten sollten, finden Sie auf Seite 122.

> **B** Sie interessieren sich für den Blautopf? Dann lesen Sie die Angaben
> auf Seite 140 und lösen Sie dazu die Aufgaben.

> **C** Sie interessieren sich für das Waldviertel? Dann lesen Sie die Angaben
> auf Seite 139 und lösen Sie dazu die Aufgaben.

**C4** Stellen Sie Ihren Ort nun im Kurs vor.
Wählen Sie die Wendungen und Ausdrücke aus, die Sie dazu brauchen.

Ich möchte Ihnen … vorstellen, der/… vor allem für … berühmt/bekannt ist. ▪
Ich spreche von … ▪ … liegt in … und ist … ▪ … gilt als … ▪ … kennt man von … ▪
Man kann hier … ▪ Dort gibt es … ▪ Nirgendwo sonst findet man … ▪
Man kann hier sowohl …, als auch … / Man kann nicht nur …, sondern auch … ▪
Dorthin/hierhin kommen vor allem, um … / weil … / wegen … ▪
Sie sollten im Winter / Sommer / außerhalb der Saison … ▪
Einer Geschichte/Sage nach … ▪ Eine Geschichte/Sage erzählt, … ▪

# D — Talentförderung! Talentförderung?

**D1** Lesen Sie A, B und C und entscheiden Sie dann ganz spontan: Welchen Weg würden Sie einem begabten jungen Menschen empfehlen? Warum? Tauschen Sie sich aus.

**A**

**B Dem Traum ganz nahe kommen –
das versprechen CASTINGSHOWS weltweit**

**C Popakademie Baden-Württemberg**

Der Studiengang **Popmusikdesign** richtet sich an den künstlerisch-kreativen Bereich. Die künstlerische Idee, die Glaubwürdigkeit und der Umsetzungsdruck stehen im Zentrum der Ausbildung. Neue Impulse, auch aus den Grenzbereichen der Popavantgarde, sollen hier berücksichtigt werden.
Der Studiengang Popmusikdesign ist der Ausbildungsgang für kreative talentierte **Songwriter**, **Sängerinnen und Sänger**, **Rapper**, **DJs**, **Instrumentalisten/innen**, **Arranger** und zukünftige **Producer** aus allen Bereichen populärer Musik.

**D2 a** Kennen Sie Castingshows aus Ihrer Heimat? Wie beliebt sind sie dort?
Was für Shows gibt es? Erzählen Sie im Kurs.

**b** Welche der folgenden Zeitungsüberschriften charakterisieren Ihrer Meinung nach eine Castingshow am besten? Kreuzen Sie an. Vergleichen Sie Ihre Entscheidungen im Kurs.

**Ich bin ein Star, lasst mich hier rein** ☐ ■ Zusammenbruch vor der Jury ☐ ■

Plattenvertrag für Superstar ☐ ■ **Sieg garantiert keine Karriere** ☐ ■

Platz 1 der Single-Charts ☐ ■ **Modeerscheinung, Helden für einen Tag** ☐ ■

Hohn und Spott gehören zum Konzept ☐ ■ Hilfe, jetzt kennt mich jeder! ☐

**c** Eine Medaille mit zwei Seiten? Machen Sie sich Gedanken zum Thema Castingshows.
Tragen Sie Ihre Antworten auf die folgenden Fragen zusammen. Arbeiten Sie zu dritt.

1 Wie finden Sie diese Shows?
2 Wer profitiert davon?
3 Warum machen die Leute mit?
4 Was sind die Vorteile und was die Nachteile dieser Shows?
5 Würden Sie persönlich gern bei einer Show dieser Art mitmachen?
6 Welchen „Preis" zahlt man möglicherweise dafür?
7 Welche Alternative würden Sie jemandem empfehlen, der ein berühmter Popstar werden will?

**D3**  Die Talentsuche der ganz anderen Art. Sie hören ein Gespräch
mit dem künstlerischen Direktor der Popakademie Professor Udo Dahmen.

2.22–25

**a**  Lesen Sie die Themen. Hören Sie dann das Gespräch.
In welcher Reihenfolge kommen die Themen vor? Nummerieren Sie.

- die Berufsaussichten der Akademie-Absolventen
- Castingshows
- die Vorbereitung der Studenten auf das reale Musikerleben
- Voraussetzungen, um an der Popakademie studieren zu können
- was man in der Popakademie lernt

**b**  Hat Udo Dahmen Argumente oder Aspekte erwähnt, die Sie in D2c gesammelt haben?
Wenn ja, welche? Sprechen Sie.

2.24

**c**  Hat Udo Dahmen das gesagt? Hören Sie den Abschnitt 3 noch einmal und entscheiden Sie:
Ja oder nein? Es können auch zwei Aussagen richtig sein. Kreuzen Sie an.

|  |  | ja | nein |
|---|---|---|---|
| 1 | Udo Dahmen ist der Ansicht, dass … |  |  |
| a | Castingshows wenig mit Musik zu tun haben. | ☐ | ☐ |
| b | ein Auftritt mit einem gecoverten Song geeignet ist, Talente zu finden. | ☐ | ☐ |
| c | die Teilnehmer besser eigene Lieder, Texte und Kompositionen vorstellen sollten. | ☐ | ☐ |
| 2 | Udo Dahmen … |  |  |
| a | meint, in so einer Castingshow könnte man echte Talente nicht ausbilden. | ☐ | ☐ |
| b | kritisiert, dass die Gewinner von Castingshows so lange in den Medien aktuell sind. | ☐ | ☐ |
| c | meint, dass es darum gehen sollte, Künstler auszubilden. | ☐ | ☐ |

**d**  Welchen der folgenden Aussagen würde Udo Dahmen
möglicherweise zustimmen können? Entscheiden Sie. Kreuzen Sie an.

1 Selbstverständlich kann man in jedem künstlerischen Bereich ganz wichtige Dinge
erlernen, man muss aber Talent haben.  ☐

2 Man kann das Talent eines jungen Künstlers nicht einfach bloß auf der Grundlage einer
Castingshow feststellen.  ☐

3 Zweifellos hängt der spätere Erfolg eines Künstlers von seinem Talent ab, die Ausbildung
spielt da eigentlich keine wichtige Rolle.  ☐

4 Es ist keineswegs so, dass für alle Künstler die gleichen Regeln gelten, die man erlernen muss.  ☐

*Artikelwörter*
*Partikeln*
GRAMMATIK 26–34

**D4**  Erarbeiten Sie einen Kurzvortrag zum Thema „Sind Castingshows
der richtige Weg zur Talentsuche, Talentfindung?" Arbeiten Sie zu zweit.

AB 26–40

SÄTZE BAUEN 35, 36
TEXTE BAUEN 37–40

1 Sammeln Sie mit Ihrer Partnerin / Ihrem Partner die Gründe, die bei der Talentsuche
für eine Castingshow und gegen eine Castingshow sprechen.
2 Notieren Sie Möglichkeiten oder Argumente, die Ihnen noch einfallen.
3 Überprüfen Sie dann gemeinsam Ihre Entscheidung in D1.
4 Lesen Sie noch einmal Ihre Antworten in D2, ergänzen Sie gegebenenfalls die Liste Ihrer Argumente.
5 Formulieren Sie Ihre eigene Meinung.
6 Schreiben Sie jetzt Ihren kurzen Vortrag. Überlegen Sie sich, welche Wendungen und Ausdrücke
Sie verwenden möchten.
7 Halten Sie Ihren Vortrag im Kurs.

# Fokus Grammatik: Artikelwörter im Kontext

**1** **a** Lesen Sie die beiden Gedichte und ordnen Sie jedem eine Zeichnung zu.

> **A** Ein Hund kam in die Küche und stahl dem Koch ein Ei. Da nahm der Koch den Löffel und schlug den Hund entzwei.
>
> **B** Der Hund kam in eine Küche und stahl einem Koch das Ei. Da nahm ein Koch einen Löffel und schlug einen Hund entzwei.

**b** Übersetzen Sie die beiden Gedichte in Ihre Muttersprache.

**2** **a** Lesen Sie die Beispiele. Achten Sie auf die markierten Artikel.

    **a** Wenn ich irgendein Interesse an der Wirklichkeit hätte, würde ich nicht malen.

    **b** Männerleiche in Koblenz entdeckt – Es liegt kein Gewaltverbrechen vor.

    **c** Alle Kids sind VIPs – Bertelsmann Stiftung entdeckt Integration

    **d** „Jeden Tag passiert ALLES, was das Leben bietet, „direkt vor deiner Haustür".
       (aus *Buschka entdeckt Deutschland*, Reportage-Sendung)

    **e** Manche Probleme lassen sich einfach nicht lösen, egal wie sehr wir uns das wünschen.

    **f** „Fischzug" im Kosmos: Etliche tausend Zwerggalaxien entdeckt

    **g** Mehrere manipulierte Geldautomaten in Dresden entdeckt

    **h** Die Musik spricht nicht die Leidenschaft, die Liebe, die Sehnsucht dieses oder jenes Individuums
       in dieser oder jener Lage aus, sondern die Leidenschaft, die Liebe, die Sehnsucht selbst. *Richard Wagner*

    **i** Aus einem Fußballrätsel: Der Tag, an dem ein Amateurklub um 20 Uhr gegen Bayern spielt,
       ist derselbe Tag, an dem es ein anderer Amateurligist, welcher am Mittwoch Dortmund empfängt,
       mit Kaiserslautern zu tun hat. – Der Amateurverein, der am Dienstag auf Borussia Dortmund trifft,
       spielt an jenem Tag gegen Kaiserslautern, an dem derjenige Klub gegen Bayern antritt, der es am
       Donnerstag mit Kaiserslautern zu tun hat.

    **j** Solche Angebote sind überfällig. Jetzt heißt es zugreifen. Die Autos wird es nie wieder so billig geben.

    **k** Gestern Abend auf der Lesung: Lauter schöne Gedichte – es war toll.

    **l** Als ich kam, waren sämtliche Karten bereits verkauft.

**b** Ordnen Sie die markierten Artikelwörter folgenden Kategorien zu.

| bestimmte Artikel/ Demonstrativartikel | unbestimmte Artikel | Possessivartikel | Mengen beschreibende Artikelwörter |
|---|---|---|---|
| | | | |

**3** Welche „Artikel" kommen auch häufig als Pronomen vor?
Lesen Sie und ergänzen Sie die Endungen der Pronomen.

    1 Komm, gib mir den Teddy. – Nein, das ist mei.......

    2 Guck mal, der Kerzenleuchter, einmalig! – Quatsch, d....... gibt's doch überall.

    3 Welches Modell wollen Sie denn nun? – Egal, irgendein....... von den billigeren.

    4 Also, welche der Medikamente hast du denn nun eingenommen? – Medikamente? Kein........
      Was glaubst du, warum's mir so gut geht?

    5 Gott, und gab's Verletzte? – Mehrer........ Manch....... mussten sogar ärztlich behandelt werden.

    6 Dich hat heute wieder jemand geärgert. Wer war's denn? – Immer derselb......., weißt du doch.

    7 Fast all....... sind zu unserem Fest gekommen!

AB 46

## Für die zukünftige Gesellschaft entdeckt?

**E1** **a** Wie ist Ihre Einschätzung? Wird es im deutschsprachigen Raum in Zukunft mehr alte oder mehr junge Menschen geben? Sammeln Sie Ihre Einschätzungen im Kurs. (Vergleichen Sie dann mit den Tabellen zur demografischen Entwicklung auf Seite 123.)

**b** Können Sie die folgenden Begriffe erklären?

**Happy Enders**        **Generation 50 plus**        **Die Neuen Alten**

**c** Lesen Sie die Werbebroschüre auf Seite 142 und beantworten Sie die Fragen.

1 An wen richtet sich die Werbebroschüre? Kreuzen Sie an.
   Unternehmer ☐    Erfinder ☐    Endverbraucher ☐    Enkelgeneration ☐
2 Wie wird der Kunde, für den die Firma Ideen entwickelt, beschrieben?
3 Welche Marketingidee steckt dahinter?
4 Wie gefällt Ihnen diese Produkt- und Vermarktungsidee?
   Reichen die herkömmlichen Produkte nicht aus?

**E2** Sammeln Sie Ideen: Welche Produkte, welche Angebote oder Projekte könnte man für Senioren noch entwickeln? Arbeiten Sie zu dritt, erfinden Sie ein neues Produkt, ein neues Angebot, ein neues Projekt (siehe auch Seite 124). Machen Sie Notizen. Stellen Sie Ihr Angebot dann im Kurs vor. Verwenden Sie auch die folgenden Wendungen und Ausdrücke.

Wir haben ein neues ... entwickelt. ▪ Unser Projekt / Angebot /
Produkt richtet sich an ... / Unsere Zielgruppe sind die ... /
Unsere Kunden sind ... ▪ Wir bieten ... an. ▪ Das Besondere daran ist ... /
Einmalig daran ist ... ▪ Man kann dort ... ▪ Man kann damit ... ▪
Dort gibt es ... ▪ Wir haben auch daran gedacht, dass ... ▪
Ganz besonders stolz sind wir auf ... / darauf, dass ... ▪ In unserem ...
führen wir / gibt es / kann man (auch) ... ▪ Ein solches ... ist absolut
notwendig, damit ... ▪ Nirgendwo sonst können / finden Sie ...

**Nomen + Präp.**
GRAMMATIK 42

AB 41–44

WORTSCHATZ 41
SÄTZE BAUEN 43
TEXTE BAUEN 44

---

## Ihr Kaufhaus

**F** **a** Entwickeln Sie ein Kaufhaus für eine spezielle Kundengruppe (für Singles, für Männer, für Frauen, für Kinder, für Künstler, für Motorradfahrer usw.). Arbeiten Sie zu zweit. Einigen Sie sich: Wie wollen Sie arbeiten? Wie wollen Sie Ihr Projekt vorstellen?

Beschreiben Sie Ihr Kaufhaus ganz genau: Wie sieht es aus? Welchen besonderen Service bieten Sie an? Welche besonderen Produkte führen Sie? Warum brauchen wir ein solches Kaufhaus überhaupt? Welche Vorteile hat es für den Kunden?

**b** Stellen Sie dann Ihr „Kaufhaus" im Kurs überzeugend vor. Die anderen beobachten: Was hat ihnen gefallen? Sind verschiedene Wendungen und Ausdrücke verwendet worden? War der Aufbau logisch?

**einen kurzen Vortrag halten**

### über Vorteile sprechen

… hat für mich viele Vorteile.
… hat für mich den Vorteil, dass …
…, das finde ich großartig.
…, das vereinfacht mein Leben.
…, das hilft gegen …
… hilft vielen Mensch zu …
Ohne … könnte ich/man nicht …

### eine Führung machen / einen Ort vorstellen

In unserer Führung geht es um … / beschäftigen wir uns mit …
Ich spreche von …
Wir befinden uns hier in …
Das / … liegt in …
Ich möchte Ihnen nun … vorstellen, nämlich …
Er / … ist vor allem für … berühmt / bekannt …
Er / … ist vor allem dafür bekannt, dass …
Mit dem … wird … verbunden / … gilt als / … kennt man von …
Man kann hier … / Dort gibt es … / Nirgendwo sonst findet man … /
Man kann hier sowohl …, als auch … / Man kann hier /
   … nicht nur … , sondern auch …
Hierhin kommen vor allem …, um …
Dorthin kommen vor allem …, um … zu / weil …
Sie sollten im Winter/Sommer/außerhalb der Saison …

### ein neues Produkt / ein neues Angebot präsentieren

Wir haben ein neues … entwickelt.
Unser Projekt / Angebot / Produkt richtet sich an …
Unsere Zielgruppen sind …
Unsere Kunden sind …
Wir bieten … an.
Das Besondere daran ist …
Einmalig daran ist …
Man kann dort / damit …
Dort gibt es …
Wir haben auch daran gedacht, dass …
Ganz besonders stolz sind wir auf … / darauf, dass …
In unserem … führen wir / gibt es / kann man (auch) …
Ein solcher / … ist absolut notwendig, damit …
Nirgendwo sonst können / finden Sie …

# Grammatik

## Artikelwörter

### Artikelwörter und Pronomen

| | |
|---|---|
| Hast du **deinen** neuen **Ball** mitgebracht? | Artikelwort: steht vor einer Nomengruppe. |
| Wir haben keinen Ball! Hast du **deinen** mitgebracht? | Pronomen: steht allein, steht für (pro) ein Nomen. |

### verschiedene Artikelwörter

Beispiele:

| | | |
|---|---|---|
| kein | Das ist **keine** gute Idee! | [1] *Etliche* wird eher in der Schriftsprache verwendet. |
| mancher | **Manche** Leute haben einfach einen Vogel! | |
| etliche | Da gab es noch **etliche** Meinungsverschiedenheiten.[1] | [2] *Lauter* bedeutet: |
| mehrere | Also, ich kenne **mehrere** glückliche Menschen. | Es waren **viele Leute** da |
| lauter | Ach weißt du, gestern auf der Party: **lauter** nette Leute![2] | und **alle waren nett**. |

### Nullartikel (kein Artikel)

| | |
|---|---|
| Haben Sie Karamellbonbons? | Plural (eine Kategorie von Dingen) |
| In der Wüste gibt es Sand. | Nomen, die man nicht „zählen" kann |
| Ich brauche noch Geld, Mama! | |

## Texte und Sätze strukturieren: zweiteilige Konjunktionen

| | |
|---|---|
| Diese Schokolade ist **sowohl** billig **als auch** gut. | Sie ist billig **und** gut. |
| Diese Schokolade ist **nicht nur** billig, **sondern auch** gut. | |
| Diese Schokolade ist **weder** billig **noch** gut. | Sie ist **nicht** billig, **und** sie ist auch **nicht** gut. |
| Diese Schokolade ist **nicht** billig, **sondern** teuer. | Sie ist **nicht** billig. **Im Gegenteil**: Sie ist teuer. |

## Aussagen strukturieren: verschiedene Konjunktionen

Man kann seine Aussagen im Text stärker strukturieren als mit *und*. Dazu gibt es verschiedene Möglichkeiten:

| | |
|---|---|
| außerdem | Ich habe keine Zeit. **Außerdem** interessiert mich dieser Film nicht. |
| darüber hinaus | Ich habe keine Zeit. **Darüber hinaus** interessiert mich dieser Film nicht. |
| dazu ... (auch/noch) | Ich habe keine Zeit, **dazu** kommt noch, dass mich dieser Film nicht interessiert. |
| erstens – zweitens – drittens | **Erstens** habe ich keine Zeit, **zweitens** interessiert mich dieser Film nicht. |
| neben ... auch | **Neben** seiner Länge schreckten **auch** die ungünstigen Spielzeiten ab. |
| zum einen – zum anderen | **Zum einen** habe ich keine Zeit, **zum anderen** interessiert mich dieser Film nicht. |
| sowie | Mir fehlt es bei diesem Film an Interesse **sowie** an Zeit. |
| nicht nur ..., sondern auch | Dieser Film ist **nicht nur** langweilig, **sondern auch** zu lang. |
| sowohl ... als auch | Dieser Film ist **sowohl** langweilig **als auch** zu lang. |

## lokale Angaben

| mit Adverbien | mit Präposition und Nomen |
|---|---|
| Komm doch mal **rüber**! | Hier kannst du nicht **über die Straße** gehen. |
| Das Handy liegt **dort**. | Das Sofa steht **in der Ecke**. |

## Partikeln: Verstärkung der Argumentation

Wir hören uns die Bands **wirklich** live an.
**Natürlich** emotionalisiert Musik, das muss man **einfach** sagen.
Musik nur zu covern, ist **halt doch** ein bisschen zu wenig.
Was dem einen wichtig ist, muss **keineswegs** für jemand anderen wichtig sein.

## Nomen mit Präpositionen

| | |
|---|---|
| die Hoffnung **auf** | hoffen **auf** |
| das Interesse **an**/**für** | interessiert sein **an** / sich interessieren **für** |

Normalerweise haben die Nomen dieselbe Präposition wie das entsprechende Verb.

# Vielfalt der Arten entdecken

Entdeckern folgten die Forschungsreisenden. Einer der berühmtesten überhaupt war wohl Alexander von Humboldt. Ihn trieb nicht die Abenteuerlust, das Entdeckerfieber, nein, ihn trieb der Wunsch, wissenschaftlich zu forschen. Er reiste nach Lateinamerika, in die USA und auch nach Zentralasien und brachte Ergebnisse mit nach Hause, die viele unserer Wissenschaftszweige (u. a. Physik, Chemie, Geologie, Mineralogie, Vulkanologie ...) bereicherten oder gar erst begründeten (Pflanzengeografie). Heute kann ein Wissenschaftler nur davon träumen, in allen universitären Bereichen Neues entdecken zu können. Aber etwas zu entdecken gibt es nicht nur im streng wissenschaftlichen Bereich, nein, auch in der Pflanzen- und Tierwelt. Die Nachfolger Alexander von Humboldts sind nach wie vor unterwegs: Allein im Jahr 2007 sollen weltweit 20 000 neue Tierarten entdeckt worden sein.

Das Foto zeigt eine neue Froschart, die der Hamburger Wissenschaftler Alexander Haas auf Borneo (Malaysia) entdeckt hat.

Alexander von Humboldt,
geb. 14. September 1769
in Berlin
gest. 6. Mai 1859 ebenda

Eine neu entdeckte Gecko-Art aus Vietnam sitzt im Aquarium des Kölner Zoos auf der Hand eines Pflegers. Bei der ersten öffentlichen Vorstellung wurde die kleine Echse nach dem ZDF-Wissenschaftsmagazin *Abenteuer Wissen* benannt – ihr Name lautet nun *Gekko scienti-adventura*

Dr. Jim Lowry, Wissenschaftler am Australian Museum, hält einen sogenannten „Big Boy" in der Hand, eine neuentdeckte Spezies von Tiefseetieren, die schätzungsweise über 80 Millionen Jahre alt ist.

Zwei neuentdeckte Tausendfüßerarten aus dem Trockenwald von Madagaskar. Biologen haben im Südosten 43 der Wissenschaft unbekannte Arten von Tausendfüßern entdeckt. Das Projekt des Museums Koenig in Bonn, des Biozentrums Grindel und des Zoologischen Museums der Universität Hamburg hat das Ziel, zumindest Teile der bedrohten Vielfalt für die Wissenschaft zu erfassen.

Eine neu entdeckte Primatenart, der nachtaktive MacArthur's Mausmaki (Microcebus macarthurii), ist von einem Forscher der hannoverschen Tierärztlichen Hochschule (TiHo) in Madagaskar entdeckt worden

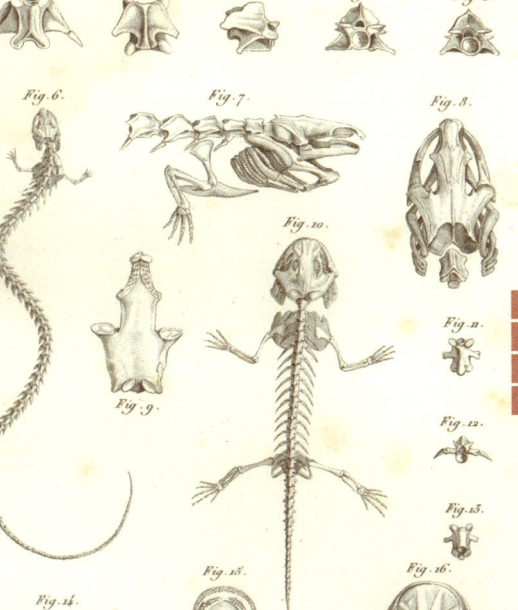

Absolut tödlich: Forscher haben in Kenia eine neue Spezies einer Speikobra entdeckt, deren Biss genug Gift enthält, um bis zu 20 Menschen zu töten.

Alexander von Humboldt, Reisewerk, Zoologie, Tafel XIV. Osteologie der Sirene und des Axolotl

+++ mit anderen diskutieren und gemeinsam etwas planen +++ mit anderen diskutieren und gemeinsam etwas planen +++ mit anderen dis
nd gemeinsam etwas planen +++ **mit anderen diskutieren und gemeinsam etwas planen** +++ mit ande
+++ mit anderen diskutieren und gemeinsam etwas planen +++ mit anderen diskutieren und gemeinsam etwas planen +++ mit anderen dis

# Entspannt 16

**B**

**A**

**D**

**C**

1 Welches dieser Fotos passt Ihrer Meinung nach am besten zu dem Thema „Entspannt"? Warum?

2 Welche anderen Fotos können Sie sich zu diesem Thema vorstellen?

**Lernziel: mit anderen diskutieren und gemeinsam
etwas planen (im Prüfungskontext)**

→ Thema und Inhalt eines Textes
   präsentieren
→ die eigene Meinung äußern /
   persönlich Stellung nehmen
→ Rückfragen stellen
→ ein Bild beschreiben
→ Vermutungen äußern; interpretieren

→ auf Argumente eingehen
→ das Wort ergreifen
→ Ratschläge/Empfehlungen geben
→ Vorschläge machen und
   auf Vorschläge anderer eingehen

**Textsorten**

Anekdote ■
Zeitschriftenartikel ■
Radio-Interview ■ Klappentext ■
Krimiauszug ■ Rezension/
Buchbesprechung ■
Beiträge aus einem Internetforum

# Hören und abschalten

**A**

**2.26**

**A1** **a** Hören Sie Ausschnitte aus verschiedenen Musikstücken. Wie empfinden Sie diese? Kreuzen Sie an.

|  | Musik 1 | Musik 2 | Musik 3 | Musik 4 | Musik 5 |
|---|---|---|---|---|---|
| einschläfernd |  |  |  |  |  |
| entspannend |  |  |  |  |  |
| unangenehm |  |  |  |  |  |
| nervtötend |  |  |  |  |  |
| aufmunternd |  |  |  |  |  |
| motivierend |  |  |  |  |  |

**b** Bilden Sie Gruppen. Vergleichen Sie: Wie haben die anderen die Beispiele empfunden?

> Wie hat dir das erste Stück gefallen?

> Ich weiß nicht, diese Musik macht mich irgendwie nervös.

> Wirklich? Auf mich wirkt sie eher ...

**c** Haben Sie die Musikausschnitte als sehr unterschiedlich oder als ziemlich gleich empfunden? Berichten Sie im Kurs.

**A2** Entspannung mit Musik?

**2.27**

**a** Lesen Sie die folgende Anekdote. Hören Sie dann den Ausschnitt aus den Goldberg-Variationen (Musik 1) noch einmal. Können Sie Graf Keyserlings Reaktion nachempfinden?

Musik beeinflusst Körper und Geist – eine jahrtausendealte Erfahrung. Mit Musik werden Kinder in den Schlaf gesungen und mit Musik machten sich die Menschen schwere Arbeit leichter, z. B. bei der Ernte oder auf See.

Folgende Geschichte verdeutlicht, wie sehr Musik auf den Zustand eines Zuhörers einwirken kann: Der russische Gesandte Graf Keyserling litt an chronischer Schlaflosigkeit. In seiner Not wandte er sich an Johann Sebastian Bach. „Herr Bach, können Sie mir nicht irgendeine Musik komponieren, die mir beim Einschlafen hilft?", bat er. Bach erfüllte ihm seinen Wunsch, woraufhin Graf Keyserling den Cembalisten Goldberg engagierte, der eine Kammer in der Nähe des Schlafgemaches des Grafen bezog, um jedes Mal, wenn der Graf nicht schlafen konnte, die Komposition von Bach vorzuspielen. Und siehe da, es half. Die Komposition heißt seitdem: Goldberg-Variationen.

**b** Hören Sie zu Hause bewusst Musik, um Ihre Stimmung zu beeinflussen? Oder kennen Sie jemanden, der das tut?

> Ich habe eine Lieblings-CD mit ruhiger Gitarrenmusik. Wenn ich die höre, merke ich richtig, wie meine Gedanken zur Ruhe kommen.

> Meine Mutter hört beim Putzen meistens Walzermusik. Dann macht ihr das Putzen sogar Spaß. Sie tanzt fast durch die Wohnung.

# B Immer mit der Ruhe

**B** Arbeiten Sie zu zweit.

**a** Überfliegen Sie Text A und Text B auf Seite 125.
Einigen Sie sich, wer Text A und wer Text B bearbeitet.

**A** LIPPE ROTHLIN | PETER R. WERDER
MEDIUM WIRTSCHAFT

**DIAGNOSE BOREOUT**

WARUM UNTERFORDERUNG IM JOB KRANK MACHT

## Krank vor Langeweile

Langweilt Sie Ihre Arbeit? Fühlen Sie sich völlig unterfordert? Dann könnten Sie unter „Boreout" leiden (englisch „bore" für „sich langweilen"). Zwei Schweizer Autoren beschreiben in ihrem Buch anschaulich ein weitverbreitetes, aber bisher nicht beachtetes Phänomen in der Arbeitswelt: Boreout durch Desinteresse, Langeweile und Unterforderung. Kein Wunder: Wer redet schon offen darüber, dass man nichts zu tun hat oder dass einen die eigene Arbeit überhaupt nicht interessiert? Und dass man den halben Tag über private E-Mails schreibt und im Internet surft? Die Auswirkungen für die Betroffenen sind furchtbar: Unzufriedenheit, ständige Müdigkeit, Verlust der Lebensfreude, Depression. Dazu kommt auch ein wirtschaftlicher Schaden: Allein für den Dienstleistungssektor in Deutschland errechneten die Autoren eine Summe von jährlich 180 Milliarden Euro, die für Nichtstun bezahlt wurden.

**b** Sie haben etwa fünf Minuten Vorbereitungszeit. Lesen Sie „Ihren" Text
jetzt genau und machen Sie sich Notizen zu den folgenden drei Punkten.

→ Was steht im Text?
(Mögliche Inhalte: Was ist das Thema? – Worum geht es? – Wie verhalten sich
die Menschen? – Was sind die Folgen für die Menschen? – Was sind die Folgen für die Wirtschaft?)

→ Haben Sie etwas zu dem Thema gelesen oder davon gehört?
Haben Sie schon eigene Erfahrungen gemacht?
(Mögliche Inhalte: Sie haben nichts gelesen oder gehört? Keine Erfahrungen gemacht?
Dann stellen Sie sich jemanden vor, der im Büro nichts zu tun hat.)

→ Wie denken Sie darüber?
(Mögliche Inhalte: Wie finden Sie das Thema? – Würden Sie das Buch lesen? –
Können Sie sich vorstellen, dass das ein Problem sein kann? –
Wie würden Sie sich in dieser Situation als Arbeitnehmer verhalten? – Was würden Sie
dem Arbeitgeber vorschlagen?)

**c** Arbeiten Sie nun wieder zu zweit. Präsentieren Sie Ihrer Partnerin / Ihrem Partner
das Thema und den Inhalt „Ihres" Textes und nehmen Sie kurz Stellung.

→ Sagen Sie zu jedem Punkt etwas. Sprechen Sie möglichst drei Minuten lang.

→ Denken Sie an die Wendungen und Ausdrücke, die Sie gelernt haben. (Vergleichen Sie mit
der Sammlung in Ihrem Portfolio oder mit den Wendungen und Ausdrücken in dieser Lektion Seite 118 f.)

→ Ihre Partnerin / Ihr Partner notiert sich die wichtigsten Informationen bzw. was sie/er nicht verstanden hat.

**d** Ihre Partnerin / Ihr Partner stellt Ihnen anschließend Fragen zu Ihrem Minivortrag:
zu den Inhalten des Textes, zu Ihren eigenen Erfahrungen und auch zu Ihrer Meinung.
(Denken Sie auch hier an die Wendungen und Ausdrücke, die Sie verwenden möchten.)
Sie antworten.

Heißt das, dass man ...?

Könnten Sie mir das bitte
noch einmal erklären: ...?

# Zeitverschwendung?!

**C1** Bilder unserer Zeit

**a** Arbeiten Sie zu zweit.
Entscheiden Sie sich für Bild A (Seite 133) oder Bild B (Seite 126).

**b** Beschreiben Sie „Ihr" Bild und sprechen Sie über das Thema des Bildes. Überlegen Sie sich jeweils vorher, welche Wendungen und Ausdrücke Sie verwenden wollen, und notieren Sie sich diese. (Vergleichen Sie mit der Übersicht auf Seite 118 f.)

→ Was sagt „Ihr" Bild über unser Verhältnis zur Zeit aus? Äußern Sie Ihre Vermutungen.

> Bild A zeigt ...
> Ich denke, das bedeutet, dass ...

**C2** „Nicht jede Stunde ist gleich lang."

**a** Womit könnte sich ein „Zeitforscher" beschäftigen? Sammeln Sie Ihre Ideen im Kurs.

**b** 2.28–30 Hören Sie ein Interview mit dem Zeitforscher Karlheinz Geißler. Welche Themen werden in dem Gespräch angesprochen? Kreuzen Sie an. Vergleichen Sie dann im Kurs.

- [ ] 1 Wie in verschiedenen Kulturen mit Zeit umgegangen wurde.
- [ ] 2 Wie ein effektiver Umgang mit der Zeit hilft, Zeit zu sparen.
- [ ] 3 Was Zeit für den modernen Menschen in der westlichen Kultur bedeutet.
- [ ] 4 Was Zeit für den modernen Menschen bedeuten sollte.
- [ ] 5 Wie man ohne Uhr leben könnte.
- [ ] 6 Warum die Arbeitszeit abgeschafft werden sollte.

**c** Womit beschäftigt sich Karlheinz Geißler wirklich?
Vergleichen Sie seine Themen mit Ihren Ergebnissen in a.

**d** 2.30 Hören Sie den Abschnitt 3 des Interviews noch einmal. Welche Aussage von Karlheinz Geißler haben Sie gehört? Kreuzen Sie an: Ja oder nein?

|  | ja | nein |
|---|---|---|
| 1 Er plant alles so genau, dass er auch ohne Uhr gut durch den Alltag kommt. | ☐ | ☐ |
| 2 Die Wartezeiten, die daher kommen, dass er keine Uhr trägt, empfindet er als besonders positiv. | ☐ | ☐ |
| 3 Er lebt viel stärker nach seinem Gefühl, seinem Rhythmus, seinen Bedürfnissen als nach irgendwelchen „Vorschriften" durch Zeitpläne. | ☐ | ☐ |
| 4 Er meint, dass wir keine Zeitnot haben, weil wir wissen, welchen Geldwert jede Minute in unserem Leben hat. | ☐ | ☐ |

**C3** Welche Argumente sprechen für oder gegen dieses Lebensmodell ohne Uhr? Ist es realistisch? Ist es sinnvoll in der heutigen Zeit?

1 Notieren Sie Argumente aus dem Interview, aber auch eigene Argumente.
2 Sammeln Sie Wendungen und Ausdrücke, die Sie verwenden wollen.
  (Vergleichen Sie mit der Übersicht auf Seite 118 f.)
3 Notieren Sie jetzt Ihre persönliche Meinung.
4 Diskutieren Sie zu viert. Versuchen Sie die anderen von Ihrer Meinung zu „überzeugen", geben Sie also nicht zu früh auf.

> Ich sehe das so: Ein Leben ohne Uhr ist zwar ein Leben ohne Stress, aber ...

> Ich verstehe ja, was du meinst. Aber wenn jeder ...

# D Spannung!

## D1 Mögen Sie Krimis? Sprechen Sie.

1 Wenn ja, warum? (Spannung, Ablenkung, Entspannung, …)
2 Wenn ja, welche und von welchen Autoren?
3 Wenn nicht, warum nicht? (Spannung, Schlaflosigkeit, keine Literatur, …)

## D2 Andrea Maria Schenkel: *Tannöd*

**a** In die Geschichte einsteigen: Lesen Sie den Auszug des Klappentextes.
Welches Bild würden Sie zu dem Klappentext auswählen? Warum passen die
anderen beiden nicht? Vergleichen Sie im Kurs und begründen Sie Ihre Meinung.

Andrea Maria Schenkel lebt mit ihrer Familie in der Nähe von Regensburg. Ihr erster Roman »Tannöd« wurde mit diversen Literaturpreisen ausgezeichnet und war wochenlang auf Platz 1 der Bestsellerlisten von „Spiegel" und „Focus".

In der tiefsten bayerischen Einöde: Eine ganze Familie wird in einer Nacht ausgelöscht. Jetzt heißt er nur noch Mordhof, der einsam gelegene Hof der Danners in Tannöd, und vom Mörder fehlt jede Spur …

**b** Lesen Sie einen Auszug aus dem Kriminalroman *Tannöd*.

1 Lesen Sie hier zunächst nur den Anfang. Wie empfinden Sie die Atmosphäre auf dem Danner-Hof?
Kreuzen Sie an.

☐ fröhlich ☐ angespannt ☐ warmherzig ☐ bedrückend ☐ kühl ☐ locker ☐ traurig

Der Bauer, ein großer, kräftiger Mann, einsilbig. Während des Abendessens hat er nicht viel gesprochen. Er hat sie nur kurz begrüßt, als er in die Stube kam. Ein fester Händedruck, ein abschätzender Blick, das war alles. Seine Frau, auch sie sehr still. Älter als ihr Mann. Verhärmt, verschlossen. Sie sprach das Tischgebet.

Die Tochter, sie war nett zu Marie. Hat gefragt, ob sie außer der Traudl noch andere Geschwister hat, Nichten und Neffen. Hat sich nach deren Namen erkundigt und nach dem Alter. Mit der kann man noch am besten auskommen, denkt sich Marie.

Und die Kinder … Die Kinder hier im Haus sind nett. Nette Kinder, besonders der kleine Bub. Der hat sie gleich angelacht. Der wollte immer mit ihr spielen. Sie hat mit ihm gescherzt. Hat ihn auf ihren Schoß genommen und auf den Knien reiten lassen, wie sie es immer mit den Kindern ihrer Schwester gemacht hat. »Hoppe Reiter« hat sie mit ihm gespielt, von ihrem Schoß hat sie ihn plumpsen lassen. Der Kleine hat vor lauter Lachen gegluckst.

**2** Folgende Personen kommen in der Geschichte vor.
Manche werden beschrieben, aber nicht alle. Zu welchen Personen finden Sie
in dem gelesenen Textabschnitt Eigenschaften? Ergänzen Sie.

der alte Bauer Danner: .....groß,...........................................................................

seine Frau, die alte „Dannerin": ...........................................................................

Marie, die neue Magd auf dem Danner-Hof: ...........................................................................

Traudl, Maries Schwester, nicht auf dem Danner-Hof: ...........................................................................

die junge Bäuerin, die Tochter der Danners: ...........................................................................

die Kinder der jungen Bäuerin: ...........................................................................

**3** Lesen Sie jetzt weiter. Was ist hier passiert? Was wissen Sie, was vermuten Sie?

Wie die junge Bäuerin die Kinder zu Bett geschickt hat, da ist die Marie auch aufgestanden. Hat gesagt: „Ich geh auch gleich in die Kammer, muss meine Sachen noch einräumen. Dann kann ich morgen in aller Früh gleich anfangen." Sie hat allen eine gute Nacht gewünscht und ist in ihre Kammer gegangen.

Aber bleiben will sie auf diesem Hof nur solange, bis sie was Besseres gefunden hat. Das weiß sie jetzt schon. Obwohl die Kinder lieb sind und die junge Bäuerin eine ist, mit der man auskommen kann. Der Hof liegt viel zu weit draußen, sie möchte näher bei Traudl sein.

Marie ist mit dem Einräumen fast fertig. Nur noch den Rucksack auspacken.

Draußen ist das Wetter noch schlechter geworden. Der Wind nimmt immer mehr zu. Es stürmt. Hoffentlich ist die Traudl gut zu Hause angekommen, denkt sie bei sich.

Das Fenster ist nicht besonders dicht, der Wind pfeift durch die Ritzen. Marie bemerkt einen Luftzug. Sie dreht sich um zur Tür. Die Tür steht leicht offen. Marie will sie schließen. Da bemerkt sie, wie sich die Tür langsam, knarrend immer mehr öffnet. Ungläubig staunend blickt sie auf den größer werdenden Spalt.

Marie ist unschlüssig, sie weiß nicht, was sie tun soll. Steif und starr bleibt sie einfach nur stehen. Den Blick auf die Tür gerichtet. Bis sie ohne ein Wort, ohne eine Silbe von der Wucht des Schlages zu Boden fällt.

**D3**

**a** **Rezensionen**

Lesen Sie die Rezension der Literaturkritikerin Monika Hermeling und zwei Lesermeinungen aus dem Internet. Welchem der folgenden Bewertungssymbole entspricht die Bewertung in den Texten A, B und C? Tragen Sie die Symbole ein und vergleichen Sie im Kurs.

✳ ✳ ✳ ✳  hervorragend

✳ ✳ ✳  lesenswert

✳ ✳  geht so

✳  schlecht

A .................... B .................... C ....................

**A**

Dieser Roman lässt seinen Leser nicht unberührt. … Die Autorin legt mit ihrem Debüt nicht nur einen dramatischen, literarisch reizvollen Kriminalroman vor, sondern sie zeichnet auch schonungslos und eindrücklich das Porträt einer ganz und gar nicht idyllischen dörflichen Gemeinschaft mit einem traumatischen Beziehungsgeflecht, das schließlich zum Mord führt. Dem Buch liegt ein ungeklärter Mordfall an einer Bauernfamilie zugrunde.

**B**

## Auch ein Krimi – aber viel mehr noch ein spannendes Drama! 13. März

Als ich anfing, Tannöd zu lesen, dachte ich ja zuerst, dass es sich um einen Krimi handeln würde. Aber schon nach wenigen Seiten wurde mir klar, dass es sich viel mehr um ein wahrhaftiges Nachkriegsdrama handelt. Sehr interessant geschrieben, gut konstruiert mit absolutem Spannungsbogen. Ich hab' das Ende zwar schon früh kommen sehen, aber trotzdem war es sehr spannend, dem Drama der Danners zu folgen.

Uli

**C**

## Na ja ..., 19. April

Ich hatte einfach mal Lust auf ein dünnes Büchlein so nebenbei zum Entspannen und das bayerische Drama hat mich schon gereizt. Allerdings habe ich grundsätzlich Vorurteile gegen Bestseller und kaufe solche Bücher eigentlich nie. Letztendlich war das Buch dann auch eine Enttäuschung. Spannung? Fehlanzeige. Sprache? Simpel. Inhalt? Teilweise schon ärgerlich. Story? Vorhersehbar. Noch nie habe ich ein Buch so oft weggelegt wie dieses.

Olly

**b** Markieren Sie in den Rezensionen die Textstellen, die Sie bei der Beurteilung persönlich wichtig finden.

**c** Haben Sie Lust bekommen, *Tannöd* zu lesen? Warum? Warum nicht? Sprechen Sie.

**D4** Schreiben Sie jetzt eine eigene kurze Rezension von einem Buch, das Sie gelesen haben.

→ Denken Sie an folgende Inhaltspunkte: Autor, Titel, Textsorte, Inhalt.

→ Wie war das Buch? Haben Sie es gern gelesen?

→ Können Sie das Buch empfehlen oder nicht?

→ Überlegen Sie sich vor dem Schreiben, welche Wendungen und Ausdrücke Sie verwenden wollen.

→ Arbeiten Sie nun zu zweit: Lesen Sie Ihre Rezensionen gegenseitig, markieren Sie unklare Textstellen und notieren Sie Fragen zum Text. Unterstreichen Sie Textstellen, die Ihnen besonders gut gefallen haben.

**D5** Suchen Sie sich jetzt eine andere Partnerin / einen anderen Partner. Erzählen Sie ihr/ihm, welchen Krimi / Roman / welches Buch Sie gelesen haben (ca. 2 Minuten).

→ Präsentieren Sie ihr/ihm Ihr Buch. Aber lesen Sie Ihre Rezension nicht ab. Sprechen Sie frei.

→ Möchte Ihre Partnerin/Ihr Partner noch etwas von Ihnen wissen? Dann beantworten Sie ihre/seine Fragen.

# Fokus Grammatik: die drei goldenen Kommaregeln

**2.31**

**1 a** Lesen und hören Sie den Text.

Bach erfüllte ihm seinen Wunsch woraufhin Graf Keyserling den Cembalisten Goldberg engagierte der eine Kammer in der Nähe des Schlafgemaches des Grafen bezog um jedes Mal wenn der Graf nicht schlafen konnte die Komposition von Bach vorzuspielen.
Und siehe da es half.

**b** Ergänzen Sie die Kommas und vergleichen Sie mit dem Lösungsschlüssel Seite 145.

**c** Vergleichen Sie nun den Text ohne Kommas und mit Kommas.
Was stimmt? Kreuzen Sie an.

- 1 Kommas kann man im Deutschen immer dann setzen, wenn man eine Sprechpause macht.
- 2 Die wichtigste Kommaregel: Ein Komma steht zwischen Hauptsatz und Nebensatz oder umgekehrt. Es gibt keine Ausnahme.
- 3 Man braucht Kommas, um die Inhalte von Haupt- und Nebensätzen zu erkennen.
- 4 Die Kommaregeln im Deutschen sind völlig durcheinander.
- 5 Zwischen zwei Hauptsätzen steht entweder eine Konjunktion der Reihung wie *und*, *sowie* … oder ein Komma.

Tipp: Wenn Sie diese Regeln beachten, haben Sie 80 Prozent der Kommas richtig gesetzt.
Achten Sie beim Schreiben darauf, dass Sie hier keine Fehler machen. Ihr Text wird dadurch leichter lesbar und verständlicher.

**d** Ergänzen Sie die Kommas in den Sätzen.

1 Weil sie auf nichts verzichten wollte suchte sie sich einen Freund mit großzügigeren finanziellen Möglichkeiten.
2 Am effektivsten spart man Benzin indem man sein Auto in der Garage lässt.
3 Er hat wieder nichts gemacht obwohl ich es ihm schon tausendmal gesagt habe. Das ist doch die Höhe!
4 Wo ist denn die Tasche in der das Handy ist?
5 Wo es einen Ball gibt gibt es auch eine Fußballmannschaft.
6 Kannst du mir sagen was das soll?

**2.32**

**2 a** Lesen und hören Sie den Satz. Ein Komma stimmt nicht. Welches?

Allein für den Dienstleistungssektor in Deutschland, errechneten die Autoren
eine Summe von jährlich 180 Milliarden Euro, die für Nichtstun bezahlt wurden.

**b** Wie ist die Regel? Kreuzen Sie an.

Wenn vor dem Verb im Hauptsatz ein langes Satzglied (ohne Verb) steht,

- muss ein Komma stehen.    - darf kein Komma stehen.

**c** Korrigieren Sie, wenn nötig, die Kommafehler in den Sätzen.

1 Während des Studiums, unterstützen die Studentenwerke Sie durch zahlreiche Angebote.
2 Trotz erheblich gestiegener Rohstoff- und Energiekosten sowie negativer Währungseffekte durch die Dollar-Schwäche, erwirtschaftete der Konzern einen Gewinn.
3 Durch die großen Räder ist dieses Modell auch für unebenes Gelände geeignet.
4 Mithilfe unterschiedlicher Methoden und Sozialformen, erarbeiteten die Schülerinnen und Schüler das Thema der Projektgruppe sehr ausführlich und detailliert.
5 Nach schweren Ausschreitungen bei einem Spiel am vergangenen Wochenende, wurde seitens des Fußballverbandes der Ligabetrieb für eine Woche ausgesetzt.
6 Aufgrund von Missmanagement bei Bodenspekulationen, musste ein Konkursverfahren gegen die Firma eingeleitet werden.

# Fokus Grammatik: die goldenen Rechtschreibregeln

**1**   Lesen Sie den Text.

**a**   Unterstreichen Sie die Wörter, die groß geschrieben sind.

> **Wo gibt's in Hamburg Pommes?**
>
> Ich komme aus dem Ruhrgebiet! Und deshalb brauche ich manchmal eine große Portion Pommes mit Mayo und eine gute Currywurst. Die hier zu kriegen ist gar nicht so einfach. Entweder ist die Portion Pommes echt viel zu klein, oder die Currywurst verdient den Namen nicht. Daher meine Frage: Kennt jemand eine gute Fritten-Bude in Hamburg? Egal, wo! Hauptsache, die Pommes sind schön fettig.

**b**   Welche Wörter schreibt man groß? Kreuzen Sie an.

☐ Präpositionen   ☐ Nomen   ☐ Namen   ☐ Verben
☐ Adjektive   ☐ Artikelwörter   ☐ Adverbien   ☐ Wörter am Satzanfang

**c**   Lesen Sie die Sätze. Was stimmt? Kreuzen Sie an.

1 Das Wichtigste sind fette Pommes.
2 Das Fette an den Pommes sind nicht die Kartoffeln.
3 Beim Essen der Pommes darauf achten, dass die Mayo nicht auf die Krawatte kleckert.

Wenn man ein Wort wie ein Nomen verwendet, schreibt man es

☐ groß.   ☐ klein.

**2**   Lesen Sie die Sätze.

**a**   Markieren Sie *ss* und *ß*.

1 Ich weiß, dass ich das noch tun muss.
2 Ich bleibe heute drin. Draußen ist es mir zu heiß!
3 Ich halte jetzt mal einen Fuß in den Fluss.
4 Hier steht: Wasser ist nass, aber nicht kalt. Was bedeutet das?

🔊 2.33

**b**   Nach welchen Buchstaben steht *ß*? Hören sie die Sätze und kreuzen Sie an.

*ß* steht nach   ☐ langen   ☐ kurzen Vokalen   ☐ Diphthongen (au, ei, eu, äu …)

**3**   „internationale" Wörter

**a**   Welche Schreibweise ist im Deutschen richtig? Kreuzen Sie an.

☐ theory   ☐ Theorie   ☐ zentral   ☐ central
☐ rythmus   ☐ Rhythmus   ☐ copy   ☐ Kopie
☐ physikalisch   ☐ physicalisch   ☐ flexibel   ☐ flexible
☐ intelectual   ☐ intellektuell   ☐ Philosophie   ☐ Filosofie
☐ Funktion   ☐ Function   ☐ magnetic   ☐ magnetisch

**b**   Welche Aussage ist richtig? Kreuzen Sie an.

Viele Wörter kommen in verschiedenen Sprachen vor.

☐ 1 Man schreibt sie in allen Sprachen gleich.
☐ 2 Man schreibt sie unterschiedlich. Man sollte auf die richtige Schreibweise achten.

**E** Etwas gemeinsam planen

**a** Arbeiten Sie zu zweit und einigen Sie sich auf ein Thema.

> **Thema A**
>
> Ihre Schule hat Sie gebeten, eine Broschüre mit Tipps zum entspannten Deutschlernen zu entwerfen. Überlegen Sie, wie Sie die Broschüre gestalten möchten (Format, Umfang, Illustrationen) und welche inhaltlichen Punkte Ihnen wichtig sind. Machen Sie Ihrer Partnerin / Ihrem Partner Vorschläge. Entwickeln Sie dann gemeinsam ein Konzept.

> **Thema B**
>
> Sie möchten für Ihren Kurs ein Wochenende planen, an dem Sie sich gemeinsam – mit den nötigen Entspannungsphasen – auf die Prüfung vorbereiten wollen. Überlegen Sie, was für ein Programm Sie Ihrem Kurs anbieten möchten, und machen Sie Ihrer Partnerin / Ihrem Partner Vorschläge. Entwickeln Sie dann gemeinsam ein Zwei-Tage-Programm.

> **Thema C**
>
> Eine Reisegruppe (alleinerziehende Eltern mit Kindern bis zu 13 Jahren) besucht im Rahmen einer Erholungsreise zwei Tage lang Ihre Heimatstadt. Machen Sie Vorschläge für ein Programm, das Sie der Gruppe anbieten können. Planen Sie gemeinsam den Aufenthalt der Gruppe. Achten Sie bei der Planung der Aktivitäten darauf, dass die Alleinerziehenden sich auch entspannen können. (Alternative, wenn Sie aus unterschiedlichen Ländern kommen: Die Reisegruppe besucht die Stadt, in der Sie Deutsch lernen, oder eine andere Stadt, die Sie beide kennen.)

**b** Ihre Aufgabe ist es, eine Broschüre / ein Programm zu entwickeln. Wichtig dabei ist aber nicht so sehr das Ergebnis, sondern dass Sie bei der Planung miteinander auf dem Niveau B2 kommunizieren. Überlegen Sie vorher noch einmal, welche mündlichen Ausdrucksmittel Sie für eine solche Diskussion und für eine gemeinsame Planung benötigen. Das sollten Sie z. B. können:

- [ ] Vorschläge machen
- [ ] auf Vorschläge Ihrer Partnerin / Ihres Partners eingehen
- [ ] die eigene Meinung äußern / persönlich Stellung nehmen
- [ ] auf Argumente Ihrer Partnerin / Ihres Partners eingehen (widersprechen, zustimmen)
- [ ] Rückfragen stellen
- [ ] Ratschläge/Empfehlungen geben
- [ ] das Wort ergreifen

**c** Überlegen Sie sich, was Sie persönlich vorschlagen möchten.

**d** Führen Sie nun Ihr Gespräch.

**e** Überlegen Sie dann gemeinsam: Haben Sie die Wendungen und Ausdrücke verwendet? Wo gab es Probleme? Was könnten Sie eventuell besser machen?

**f** Wiederholen Sie Ihr Gespräch. Vielleicht auch mit einem anderen Thema.

## Wendungen und Ausdrücke

## Wendungen und Ausdrücke   Entspannt

**mit anderen diskutieren und gemeinsam etwas planen**

### Rückfragen stellen

Verstehe ich Sie richtig, dass ...?
Heißt das, ... / Bedeutet das, ...?
Könnten Sie mir bitte sagen / erklären, was / wie ...
Entschuldigung, ich verstehe nicht ganz, ...

### etwas erklären

Es geht hier darum, dass ...
Es geht hier um ...
Das heißt / bedeutet, dass ...
Im Grunde geht es um die Frage: ...
Damit meine ich, dass ...

### Thema und Inhalt eines Textes präsentieren

In diesem Text geht es um ...
Der Text handelt von ... / beschäftigt sich mit ... / beschreibt ...
Im Text steht, dass ...
Im Text heißt es, dass ...
Es ist die Rede von ...
Es handelt sich hier um ...
Der Autor schreibt, ...

### die eigene Meinung äußern / persönlich Stellung nehmen

Meiner Meinung / Ansicht nach ...
Ich bin der Meinung / Ansicht, dass ...
Ich (persönlich) bin der Meinung / Ansicht, dass ...
Also, ich finde ...
Ich bin überzeugt davon, dass ...
Ich halte das für ...

### ein Bild beschreiben

Das Bild zeigt ...
Man sieht hier ...
Auf dem Bild sieht man ... / Das Bild zeigt ...
Das Besondere daran ist, dass ... / Auffällig / Interessant daran ist ...
Man hat den Eindruck, ...

### eigene Erfahrungen darstellen

Etwas Ähnliches habe ich auch mal erlebt: ...
Meine Freundin / ... hat auch mal etwas Ähnliches erlebt: ...
Damit habe ich selbst keine Erfahrungen gemacht, aber ich kann mir vorstellen, dass ...

**Vorschläge machen**

Ich schlage vor, wir nehmen ...
Wie wär's, wenn wir ...?
Wir könnten vielleicht ...

**auf Vorschläge positiv reagieren**

Das ist eine gute Idee.
Ja, lass es uns so machen.
Warum nicht?
Ja gern.
Vielleicht könnten wir aber auch ...

**auf Vorschläge negativ reagieren**

Das ist keine so gute Idee, finde ich.
Ach, ich weiß nicht.
Sollen wir nicht lieber ...?
Vielleicht könnten wir aber auch ...
Ich würde es vielleicht lieber so machen: ...

**auf Argumente eingehen und sie einschränken**

Das ist sicher richtig, aber ...
Ja, das mag sein, aber ...
Das sehe ich ein bisschen anders.
Ich glaube kaum, dass ...
Ich kann mir nicht vorstellen, dass ...

**das Wort ergreifen**

Darf ich dazu etwas sagen?
Entschuldigen Sie, wenn ich unterbreche, aber ...
Ich würde gern direkt etwas dazu sagen.

**eine Entscheidung begründen**

Deshalb / Daher / Aus diesem Grund habe ich mich für ... entschieden.
Ich entscheide mich für ..., weil ...
Wegen ... entscheide ich mich für ...
Ich nehme dieses Bild, denn das zeigt ...

# Aussteigen auf Zeit

Wir alle träumen davon. Aber nur die wenigsten tun es: Einfach mal weg sein, für eine Zeit alles hinter sich lassen. Um die Welt segeln, ein Buch schreiben, im Ausland eine Sprache lernen oder im Kloster meditieren. Monatelang Urlaub machen. „Sabbatical", „Sabbatjahr" oder „Aussteigen auf Zeit" heißt diese Möglichkeit. Aussteigen, um besser wieder einzusteigen: Auch Psychologen und Unternehmensberater empfehlen kreative Denkpausen und eine längere Auszeit, um danach mit neuen Ideen und mehr Motivation in den Job zurückzukehren. Immer mehr Firmen bieten ihren Mitarbeitern Langzeiturlaub an; den meisten Lehrern und Beamten stehen Sabbatjahr-Modelle offen.

## Überzeugt? `F3`

**Rollenkarte Anrainer**

Sie freuen sich

▲ auf ein neues Freizeit- und Kulturangebot

▲ auf neue Arbeitsplätze

▲ auf neue und moderne Einkaufsmöglichkeiten mit einem tollen Warenangebot

▲ darüber, dass die Jugendlichen dann nicht mehr in die Stadt fahren müssten, um abends etwas zu unternehmen

Sie fürchten sich aber

▲ vor dem Verkehr

▲ dem Lärm

▲ und vor möglicher Kriminalität

→ Sie sind eigentlich für das Projekt, sind sich aber nicht ganz sicher.

## Entdeckt `C3`

Lesen Sie das von Ihnen gesammelte Material. Zu welchen Aspekten finden Sie darin Informationen? Kreuzen Sie an. Machen Sie sich dann Notizen.

| | | |
|---|---|---|
| geografischer Name | ☐ | .................................................. |
| geografische Angaben | ☐ | .................................................. |
| positive Aspekte der Gegend | ☐ | .................................................. |
| negative Aspekte der Gegend | ☐ | .................................................. |
| Katastrophen / Unfälle | ☐ | .................................................. |
| historische Ereignisse | ☐ | .................................................. |
| Besonderheiten | ☐ | .................................................. |
| Legenden / Sagen | ☐ | .................................................. |
| | | .................................................. |

## Versäumt `D4`

Wie es mit Bakis Karriere weitergegangen ist, lesen Sie hier.

Die dramatische Wendung kam über ihn, ohne dass er etwas dazu beigetragen hatte. Er saß tatsächlich im Parkhaus, als sein Handy klingelte, und Fatih Akin[1] war dran. (...) Die beiden hatten sich nach *Lola und Bilidikid* kurz kennengelernt, und Fatih Akin sagte später, dass er sich immer sicher gewesen sei, irgendwann mit Baki zusammenzuarbeiten. „Manchmal weiß man das. Er hat das gewisse Etwas, ein Geheimnis, das ich gerne lüften würde und mit mir vielleicht auch der Zuschauer." Er lud Baki ein, für die Hauptrolle in seinem neuen Film vorzusprechen. Mit einem anderen, sehr viel bekannteren Schauspieler hatte er sich nicht auf die Gage einigen können, ein zweiter hatte sich als unpassend für die Rolle herausgestellt. Die Proben liefen schon, und Baki war Fatihs letzte Hoffnung. Diesmal sagte er „Ja". Und ich weiß noch, wie er an diesem Abend anrief, um mit unserem Kumpel Dieter und mir eine Flasche Champagner aufzumachen. Ich fragte mich kurz, ob Baki vielleicht das beste Beispiel für eine Botschaft ist, die ich beruhigend finde: Dass man Erfolg und Misserfolg im Leben wohl nur begrenzt selbst in der Hand hat, dass man aufsteigen kann, ohne sich zu zerreiben, und absteigen kann, ohne sich selbst zu zerfleischen. (...)

¹ **Fatih Akin**
geb. 1973 in Hamburg als Sohn
türkischer Einwanderer,
seit 1998 Regisseur, Drehbuchautor
und Filmproduzent

**Bekannte Werke:**
Gegen die Wand, Auf der anderen Seite u. v. m.

**Auszeichnungen:**
Goldener Bär, Deutscher und
Europäischer Filmpreis

## Entdeckt

### Österrreich: demografische Entwicklung

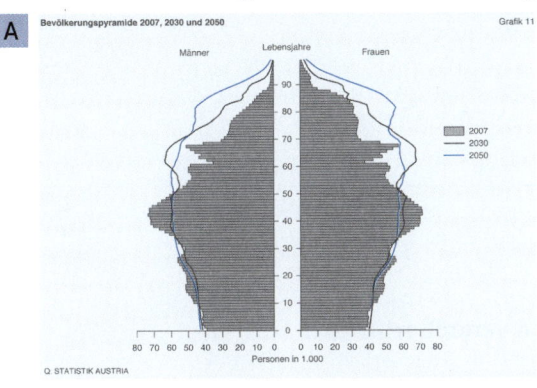

### Deutschland: demografische Entwicklung

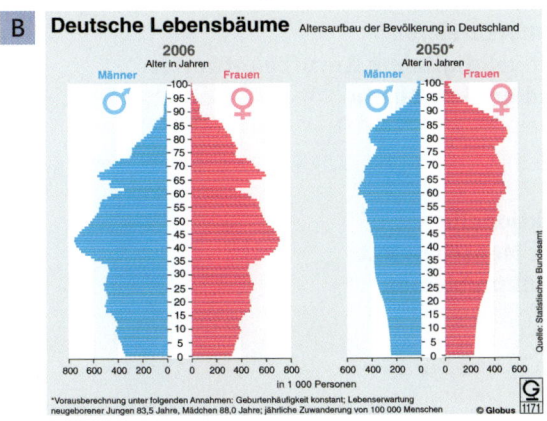

### Schweiz: demografische Entwicklung

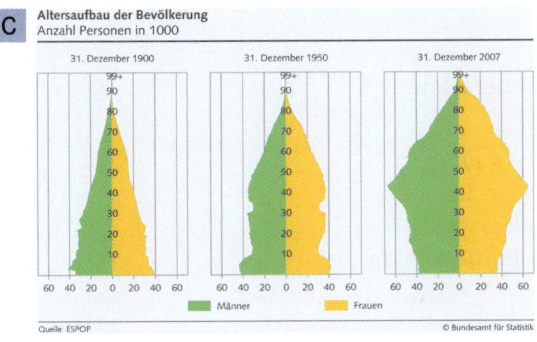

## Geschafft  D2 b

**Hier finden Sie einige Vorschläge. Welche halten Sie für sinnvoll? Kreuzen Sie an.**

Graffiti-Sprayer als Straftäter definieren ☐
Hohe Geldstrafen gegen Graffiti-Sprayer verhängen ☐
Graffiti-Sprayer die verunstalteten Wände putzen lassen ☐
Graffiti-Sprayer Sozialarbeit verrichten lassen ☐
Offene anonyme Workshops für Graffiti-Sprayer anbieten ☐
Hässliche städtische Flächen, alte Waggons für Sprayer zur Verfügung stellen ☐
Städtische Graffiti-Wettbewerbe für Jugendliche veranstalten ☐
Graffiti-Sprayer gegen Bezahlung zur Verschönerung der Stadt heranziehen ☐
Die Städte könnten Sprayrechte für Graffiti-Künstler vergeben ☐
Den Graffiti-Sprayern abziehbare Sprühfarbe zur Verfügung stellen ☐
Die Graffiti-Sprayer politisch aktivieren ☐
Den Graffiti-Sprayern neue Zukunftsperspektiven geben ☐
(Integration in Schulen, Ausbildungsplätze, Praktikumsplätze, …)


## Entdeckt E2

**Hier finden Sie einige Anregungen.**

**Sehhilfe im modernen Design vergrößert das TV-Bild auf das Doppelte**

*Seniorentelefon* **mit volldigitalem Anrufbeantworter und großen Tasten**

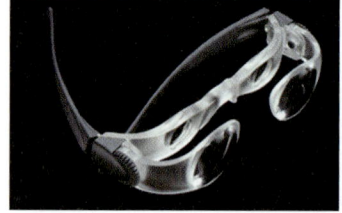

*Garden-Kart Buggy* **Multifunktionelle Transporthilfe – geeignet für Menschen mit Rücken-, Schulter- oder Gelenkproblemen**

**Seniorenreisen, Seniorenurlaub, Busreisen für Senioren**

**Was das Seniorenherz begehrt: das Angebot für die ältere Generation**

Kunde im Geschäft *Evergreen – Kaufhaus für Lebensweise* – schaut sich ein Telefon mit großen Tasten an. Das Fachgeschäft bietet Gebrauchsgegenstände für den Alltag von Senioren an.

## Überzeugt? A b

## Entspannt B1 a

### B Mittagsschlaf für alle

Seit einiger Zeit setzt sich die Erkenntnis durch, dass Arbeitnehmer nachmittags tatkräftiger sind, wenn sie sich nach dem Essen hinlegen, anstatt die Müdigkeit nach dem Essen in der Kantine mit Kaffee zu bekämpfen. In den USA ist das Nickerchen während der Arbeitszeit bereits Mode. Es heißt dort „Power Napping", was so viel wie „Energieschlaf" bedeutet. In Japan gehört das Dösen zwischendurch längst zur Kultur. Berühmt sind die japanischen „Nap-Shops", in denen man sich eine sargähnliche Box zum Schlafen mieten kann. Die Menschen schlummern aber auch in Konferenzen. „Inemuri" nennen sie das – anwesend sein und zugleich schlafen. Und die Chinesen schrieben „Xeu-Xi", das Grundrecht auf Mittagsschlaf, sogar in ihrer Verfassung fest. Die Liegen, auf denen sie am Arbeitsplatz ruhen, sind oft Erbstücke, die schon den Großvätern als Schlafstätten dienten. Unterschiedliche Kulturen, aber alle sind sich in einem Punkt einig: Die Investition lohnt sich, die Arbeitnehmer arbeiten danach besser und schneller.

**b** Sie haben etwa fünf Minuten Vorbereitungszeit. Lesen Sie Ihren Text jetzt genau und machen Sie sich Notizen zu den folgenden Punkten.

→ Was steht im Text?
(Mögliche Inhalte: Was ist die Erkenntnis? – Wie ist die Situation? – Was ist die Folge?)

→ Haben Sie schon etwas zu dem Thema gelesen oder davon gehört?
Haben Sie schon eigene Erfahrungen gemacht?
(Mögliche Inhalte: Sie haben nichts gelesen oder gehört? Keine Erfahrungen gemacht?
Dann stellen Sie sich jemanden vor, der im Büro regelmäßig schläft und schildern Sie seine Erfahrungen.)

→ Wie denken Sie darüber?
(Mögliche Inhalte: Wie finden Sie das Thema? – Können Sie sich vorstellen, dass das im Büroalltag ein wichtiges Problem ist? – Wie würden Sie als Arbeitnehmer dieses Thema sehen? – Was würden Sie dem Arbeitgeber vorschlagen?)
Bearbeiten Sie dann Aufgaben c und d auf Seite 110.

# Überzeugt? F3

**Rollenkarte Dorfbewohner/in**

Sie haben Angst, dass

 der Verkehr zunimmt und vor allem für Kinder und Ältere gefährlich wird

▲ die Kugel die Geschäfte im Ort ruinieren wird

▲ überall Chaos wäre, weil der Ort keine Parkplätze, keine Straßen, einfach nicht genug Platz hat

▲ sich die Leute auf der ganzen Welt über die hässliche Kugel lustig machen würden

▲ am Ende auch der Ort etwas bezahlen muss und dann kein Geld mehr für Spielplätze, neue Kindergartenplätze, Schulgebäude oder Seniorenheime hätte

▲ mit der Kugel und den vielen Menschen auch Diebe und andere Straftäter in Ihren bisher so ruhigen Ort kämen

→ Sie sind gegen das Projekt.

# Versäumt B c

Tja, meine Liebe. Hast wohl Pech gehabt. Aber vielleicht kannst Du um eine Verlängerung um weitere 24 Monate „betteln", in einem besseren Tarif. Dann bekommst Du vielleicht sogar auch noch ein neues Handy.
G.U.

Wieso eigentlich Pech? Du hast einen Vertrag mit einer Telefongesellschaft und an den müssen sich beide Seiten halten. Stell Dir mal vor, die würden Dir einfach Dein Handy abschalten, weil Du nicht genug telefonierst!
Pit

Jetzt mal im Ernst: Mobilfunkverträge werden auf unbestimmte Zeit geschlossen und können normalerweise frühestens zum Ende von 24 Monaten (Mindestvertragslaufzeit) das erste Mal gekündigt werden, aber da muss man eben die Kündigungsfrist einhalten. Wenn man das verpasst, ist das kein Pech, sondern Eigenverschulden, und man hat rechtlich keine Chance, eher zu kündigen.
Lony

Ich hatte mal Glück: Mein Handyanbieter, bei dem ich schon fast zehn Jahre war, hat mir dann einen anderen, günstigeren Handy-Vertrag angeboten. Aber aus Kulanzgründen, weil mein Vertrag wirklich ungünstig war und ich schon so lange Kunde bin. Aber das kann man rechtlich nicht einfordern.
Rabe

# Entspannt C1 a

Bild B

## Überzeugt? F3

**Rollenkarte Bürgermeister**

Sie sehen, dass

▲ das Projekt langfristig Arbeitsplätze schaffen würde

▲ es dem Ort viele Steuergelder für soziale Projekte bringen würde, wie Altenheime, Kindergärten usw.

▲ die jungen Menschen nicht mehr in die umliegenden Städte auswandern müssten

▲ die Region insgesamt besser versorgt würde: Es würden mehr Straßen gebaut, der Ort wäre besser zu erreichen

▲ viele Menschen in den Ort ziehen würden, dadurch würde der Ort größer und bekäme ein eigenes Krankenhaus, einen eigenen Bahnhof, ein Gymnasium

→ Sie sind für das Projekt.

## Angepasst C4 b

◆ Du, stell dir mal vor, da hat mich doch die Bille gefragt, ich glaub' die tickt nicht mehr richtig, die hat mich doch glatt gefragt, ob ich bei Size Germany mitmachen will.

▼ Wieso?

◆ Wie wieso, würdest du da denn mitmachen? Dich zum Affen machen, vor all den Leuten?

▼ Mensch, das ist doch keine Show oder so was …

◆ Was dann?

▼ ..................................................................................................................................................................

◆ Ach so. Na gut, und was soll das Ganze?

▼ ..................................................................................................................................................................

◆ Alles klar, damit wir noch mehr Klamotten kaufen. Glaubst du wirklich, dass uns das Zeug dann besser passt?

▼ ................................................................................. und außerdem ..............................................................

◆ Schön und gut. Ich will trotzdem nicht, dass da jemand an mir rummisst.

▼ ..................................................................................................................................................................

◆ Na ja, wenn's so ist, geh' ich vielleicht doch mit. Hört sich doch eigentlich echt interessant an.

Informationen:

● Size Germany ist die erste Reihenmessung in Deutschland.
● Sie wird mit modernster Bodyscanning-Technologie durchgeführt.
● In wenigen Minuten bekommt man über siebzig Maße von jedem Körper.
● Alle Maße werden anonym gespeichert und streng vertraulich behandelt.
● Sie gibt einen repräsentativen Querschnitt der gesamten Bevölkerung.
● So werden auch die unterschiedlichen Figuren der verschiedenen Altersgruppen erkannt: Denn Größe 38 bei einer 80 Jahre alten Frau muss anders aussehen als bei einer 20-Jährigen.
● An Size Germany sind über 80 Unternehmen beteiligt: aus der Kleiderindustrie, aber auch aus der Automobilbranche usw.
● Beim Auto geht es zum Beispiel um Komfort und Sicherheit.

**2** Postings „Spesenbetrug"

**Posting 1**

Hallo, vielleicht kennt sich ja einer von Euch aus: Mein Kollege lädt oft auch noch Freunde zu seinen Geschäftsessen ein, er meint, das wäre dann viel lustiger. Aber er rechnet dann das Essen für seine Freunde auch als Spesen ab. Eigentlich ist das ja für alle gut. Wie seht Ihr das?
*Ulli*

**Posting 2**

Hallo, Ulli,
das ist doch kein Argument, dass die Runde dann lustiger ist. Tatsache ist doch, dass Dein Kollege seinen Freunden eine Freude macht und die Firma betrügt, ihr Geld stiehlt. Das nennt man, soweit ich weiß, Spesenbetrug. Und wenn mich nicht alles täuscht, ist das ein Grund für eine fristlose Kündigung.
Wenn Dein Kollege Dir also auf den Keks geht, dann häng ihn hin. Wenn Du ihn magst, würde ich ihn warnen.
*O. H.*

**Posting 3**

Hallo, ist das so, wie O. H. behauptet?
*Ulli*

**Posting 4**

Natürlich hat O. H. mit seinem Hinweis recht, dass man wegen Spesenbetrugs sofort entlassen werden kann: ohne Kündigungsfrist, ohne Vorwarnung. Spesenbetrug ist strafrechtlich gesehen Betrug, kein Kavaliersdelikt. Oft wird aber Spesenbetrug nicht bestraft, weil die Firma meint, das würde ihrem Image schaden. Vielleicht ist den meisten Menschen deshalb nicht klar, dass sie eine Straftat begehen, wenn sie auf einer Dienstreise heimlich ihre Frau mitnehmen und überhöhte Hotelrechnungen abrechnen. Oder Essen mit ihrer Familie als Bewirtung von Kunden abrechnen.
*A. Huber, Rechtsanwalt*

**Posting 5**

Hi,
jetzt tut doch mal nicht so! Das bisschen, was man da so zusätzlich mitnimmt, tut der Firma doch nicht weh!! Als kleiner Außendienstmitarbeiter. Und die Chefs machen es uns doch vor: tolle Dienstautos, tolle Geschäfts-essen, Opernbesuche. Und Beraterverträge mit irgendwelchen Firmen, damit die Kumpels der Chefs mal einen Auftrag bekommen, zu teuer dazu, da spielen doch meine zu viel abgerechneten Kilometerchen echt keine Rolle mehr. Und jeder tut's. Also spielt hier mal nicht den Moralapostel.
*Ohne Namen*

1 Ergänzen Sie: Was alles kann ein „Spesenbetrug" sein?

*Freunde auf Firmenkosten einladen ...*

2 Argumente dafür, dass Spesenbetrug kein Kavaliersdelikt ist, stehen in den Postings

...................................

3 Verständnis für den Spesenbetrug findet man in den Postings

...................................

4 Notieren Sie hier Ihre eigene Meinung.

Handelt es sich Ihrer Meinung nach bei Spesenbetrug um ein Kavaliersdelikt?   ja ☐ nein ☐

## Angepasst  `D1` `b`

Lösungen:

**A** Ökohaus Frankfurt, Tagungszentrum  **B** Klein-Matterhorn, Forschungsstation
**C** Baumhaus als Büro  **D** Fabrikhalle Hagendorn

## Überzeugt?  `C2` `a`

**1**  Postings „Schwarzarbeit"

**Posting 1**

Schwarzarbeit ist ein Verbrechen wie jedes andere und sollte deshalb dementsprechend behandelt werden. Man sollte beiden Seiten, Auftraggeber und Arbeiter, eine saftige Strafe aufbrummen, damit sie es nicht mehr machen. Von mir aus müssten viel mehr Kontrollen gemacht werden.
R. S.

**Posting 2**

Ich finde Schwarzarbeit in Ordnung, wenn sie von Personen gemacht wird, die ohnehin schlecht verdienen und sich so etwas dazuverdienen. Dann ist es in Ordnung. Oder wenn Hausfrauen was dazuverdienen. Wenn Personen aber staatliche Unterstützung bekommen und dann auch noch schwarzarbeiten, halte ich das für unverschämt.
U. B.

**Posting 3**

Wisst Ihr eigentlich, dass der Staat durch Schwarzarbeit um die 30 000 000 000 (30 Milliarden) Euro verliert? Steuern und Sozialabgaben? Da gibt es doch nichts zu diskutieren.
Dr. Siebold

**Posting 4**

Natürlich hat Dr. Siebold recht, aber ich weiß: Jeder Zweite in Deutschland macht Schwarzarbeit – aber oft ist das gar keine Schwarzarbeit. Nur weil man mal auf ein Kind aufpasst oder dem Nachbarn das Auto repariert. Ich glaube, da wird echt übertrieben. Und wenn mir einer die Fliesen legt und ich klebe bei ihm die Tapeten an die Wand, dann ist das auch keine Schwarzarbeit.
S. Sch.

**Posting 5**

Hallo, S. Sch.,
das stimmt schon, aber wenn Du das regelmäßig machst und dann auch noch mehr Geld hast als vorher, dann ist das Schwarzarbeit und strafbar.
Kiki

1  Ergänzen Sie: Was kann man alles „schwarz" tun?

*als Maurer arbeiten – Taxi fahren – …*

2  Argumente gegen Schwarzarbeit finden sich in den Postings

...................................... .

3  Verständnis für Schwarzarbeit findet man in den Postings

...................................... .

4  Notieren Sie hier Ihre eigene Meinung.

Handelt es sich Ihrer Meinung nach bei Schwarzarbeit um ein Kavaliersdelikt?  ja ☐  nein ☐

## Angepasst  **F2**  **c**

**Der Anpasser**
**Was sind das nur für Menschen, diese Erasmus-Studenten?**
**Philipp Braun kennt sie alle – und keiner kommt schneller zurecht als**
**der Anpasser, der sich in Windeseile die Sitten des Gastlandes**
**zu eigen macht und sich für deutsche Touristen fremdschämt\*.**

Er verbrüdert sich bereits nach wenigen Wochen mit seinen neuen Landesmitbewohnern. Er übernimmt bereitwillig Traditionen, Kleidungsstile sowie Ess- und Schlafgewohnheiten der Einheimischen. Unbewusst, aber zweifellos gekonnt überzeichnet er dabei jedes bekannte Klischee. In seiner Freizeit (also ein Erasmusjahr lang) widmet er sich hingebungsvoll der Analyse des Stehverhaltens der Einheimischen in Bars, um sein eigenes Stehvermögen zu renovieren. Oder er analysiert neugierig Gesichtsausdrücke seiner Mitmenschen beim Gemüse- oder Zeitungskauf, um sie ab sofort in sein Mimikrepertoire aufzunehmen. Im Restaurant bestellt er begeistert Gerichte, die am Nebentisch verspeist werden, auch wenn er sie schon als Kind nicht leiden konnte.

Neben seinem Studium kellnert er in einem gut besuchten Café und schämt sich täglich für seine Heimatlandsleute, die in bestenfalls erbrochenem\*\* Italienisch/Spanisch/Französisch den falschen Kaffee auswählen und bestellen, um dann den eigentlich gewünschten zu bekommen. Deutsche Touristen, die nach dem Weg fragen, schickt er genussvoll in die falsche Richtung.

**Zurückkehren? Niemals!**

Je nach seinem erasmusspezifischen Aufenthaltsort tanzt er schon nach kurzer Zeit mit seinen Mitbewohnern baskische Volkstänze, singt slawische Volksweisen oder backt französische Crêpes. Überall schneidet er sich ungefragt eine Scheibe ab, ohne auch nur einmal höflich nach dem Messer zu fragen.

Am Ende des Jahres sieht er ein, dass sein Erasmusjahr eigentlich nur der Beginn eines Auswanderjahrzehnts war – denn er kehrt niemals in sein Heimatland zurück. Was aus ihm wird? Entweder ein weltgewandter (und ebenso kulturbeflissener) freier Journalist. Oder ein kulturbeflissener (und ebenso weltgewandter) Straßenmusiker. Und wenn er nicht gestorben ist, dann spielt er noch heute in seiner Ein-Mann-Combo die erste und einzige Geige.

\*   fremdschämen: Neudeutsch; man schämt sich für das Verhalten, Aussehen eines anderen Menschen
\*\* Wortspiel des Autors; richtig heißt es: gebrochenem Italienisch

## Versäumt  **C3**

Situation **1**

1 Lesen Sie Ihre Situationskarte.

**Flug verpasst!**
Sie befinden sich am Schalter Ihrer Fluggesellschaft und haben folgendes Problem:
– ein dringender geschäftlicher Termin in London
– am Flughafen Baustelle, kurzfristige Änderung des Gates
– zu spät am Gate; Flug verpasst
– unbedingt die nächste Maschine nehmen

2 Mit welchen Adjektiven würden Sie Ihre Situation beschreiben?
schrecklich⬚ ■ furchtbar⬚ ■ entsetzlich⬚ ■ katastrophal⬚ ■ hoffnungslos⬚ ■ …

3 Mit welchen Wendungen und Ausdrücken könnten Sie Ihre Situation beschreiben? Machen Sie sich Notizen.

4 Beschreiben Sie Ihrer Partnerin / Ihrem Partner „Ihre" Situation so ausführlich wie möglich. Ihre Partnerin / Ihr Partner reagiert verständnisvoll.

# Überzeugt? C2 a

**3** Postings „Bei Rot über die Kreuzung gehen"

**Posting 1**

Meine Tochter ist heute früh zur Schule, war ein bisschen zu spät, das stimmt schon und wollte nicht zu spät kommen. Die Lehrerin ist echt streng. Da stand sie, an der Fußgängerampel, bei Rot. Aber kam weit und breit kein Auto, da dachte sie sich, geh' ich halt rüber, haben wir doch alle schon gemacht, oder? 🙂 Auf der anderen Seite, etwas versteckt, stand die Polizei. Das hat sie nicht gesehen. Sie musste ihren Ausweis zeigen und bekommt dann einen Strafzettel zugeschickt, 5 Euro! Sie hat eine *Straftat* begangen! Das ist doch nicht normal, oder?
*Elisabeth*

**Posting 2**

Hallo, Elisabeth,
Du verstehst anscheinend nicht, dass Deine Tochter, die wohl mindestens schon sechzehn Jahre alt sein muss, sonst hätte sie ja keinen Ausweis, sich selbst und andere in Gefahr bringt. Die Autofahrer, die ja Grün haben, verlassen sich darauf, dass die Straße frei ist. Und Deine Tochter, die hat Glück, wenn ihr da nicht mehr passiert ist, als dass sie fünf Euro von ihrem Taschengeld zahlen muss.
*Isi*

**Posting 3**

Glaubst Du wirklich, dass man sich bei einer leeren Straße, wenn überhaupt kein Verkehr ist, an eine Ampel halten muss?
*Sonja*

**Posting 4**

Vielleicht hilft Ihnen mal ein kleiner Auszug aus dem Verkehrsrecht:
(3) An Stellen, wo der Verkehr für Fußgänger durch besondere Lichtzeichen (§ 38 Abs. 8) geregelt ist, dürfen Fußgänger nur bei grünem Licht die Fahrbahn zum Überqueren betreten. An Stellen, wo der Verkehr sonst durch Arm- oder Lichtzeichen geregelt ist, dürfen Fußgänger die Fahrbahn nur überqueren, wenn für den Fahrzeugverkehr auf dieser Fahrbahn das Zeichen „Halt" (§§ 37 Abs. 3 und Abs. 5) gilt.
Das heißt im Klartext, man darf die Fahrbahn, auf der die Autos fahren, nur betreten, wenn die Autos dort nicht fahren dürfen. Bei Rot haben Sie stehenzubleiben. Das ist doch eigentlich sonnenklar.
Im Übrigen ist das eine Ordnungswidrigkeit und keine Straftat. Den Unterschied muss man auch beachten.
*Hans, Jurastudent*

**Posting 5**

Hallo Elisabeth, ich glaube, Deine Tochter ist alt genug, um zu wissen, dass sie nicht nur an sich, sondern auch an andere Menschen denken sollte. Bei Rot über die Kreuzung gehen, ist nicht nur gefährlich, sondern auch ein schlechtes Beispiel für kleinere Kinder. Und morgens vor Schulbeginn können die Straßen wohl kaum besonders leer sein. Und die Aufregung über die Straftat finde ich auch übertrieben. Die fünf Euro sind ein Bußgeld, damit man kapiert, dass man das nicht tun soll. Was wäre, wenn jeder über die Straße rennen würde, wann er will, dann wäre das Chaos perfekt. Wenn Deiner Tochter was passieren würde, weil sich ein anderer nicht an die Regeln hält, würdest Du das wahrscheinlich ganz anders sehen.
*Oma Lola*

1 Übersetzen Sie die Ausdrücke „Ordnungswidrigkeit" und „Straftat" in Ihre Muttersprache oder in eine andere Sprache.

2 Argumente dafür, dass bei Rot über die Kreuzung zu gehen nicht so schlimm ist, stehen in den Postings

............................. .

3 Argumente dafür, dass es nicht richtig ist, bei Rot über die Kreuzung zu gehen, stehen in den Postings

............................. .

4 Notieren Sie hier Ihre eigene Meinung:
*Bei Rot über die Kreuzung gehen:* Handelt es sich dabei um ein Kavaliersdelikt?
ja ☐  nein ☐

## Versäumt

## Geschafft

Konzentrieren Sie sich beim Thema Lohn und Gehalt auf ein Land.

### Lohn/Gehalt

**Österreich:** Einen gesetzlichen Mindestlohn gibt es in Österreich nicht, jedoch Kollektivverträge, die die Sozialpartner (= Tarifparteien) miteinander aushandeln. Üblich sind ein 13. und ein 14. Monatsgehalt, aber es gibt keinen gesetzlichen Anspruch. Auch Fahrgelderstattungen, betriebliche Zusatzrenten oder ein privat nutzbares Mobiltelefon gibt es relativ häufig.

**Deutschland:** Es gibt Firmen, die zahlen Weihnachtsgeld und Urlaubsgeld (als 13. und 14. Monatsgehalt, andere zahlen das 13. Monatsgehalt in zwei Teilen aus). Manche Firmen machen das aber auch vom Erfolg und von der Arbeitsleistung des Einzelnen abhängig, wenn der Arbeitnehmer also viel krank war, gibt es zum Beispiel weniger Weihnachtsgeld. Es gibt aber keinen gesetzlichen Anspruch auf ein 13. und ein 14. Monatsgehalt.

**Schweiz:** Das Lohnniveau in der Schweiz ist höher als der mitteleuropäische Durchschnitt: Es werden in der Regel 12 Gehälter im ersten Anstellungsjahr ausbezahlt. Seit 1998 ist eine Art 13. Gehalt am Jahresende vorgeschrieben. Die Höhe ist gestaffelt nach der Anstellungsdauer. 25 % erhält man erst nach sieben Anstellungsmonaten, 100 % gar erst nach drei Jahren beim selben Arbeitgeber!

### Urlaubsrecht

Grundsätzlich besteht ein gesetzlicher Anspruch auf Urlaub.
→ Ab dem zweiten Arbeitsjahr hat man Anspruch auf den gesamten Urlaub.
→ Immer ab Beginn des neuen Arbeitsjahres hat man wieder Anspruch auf den Gesamturlaub, verteilt aufs Jahr und nach Absprache mit dem Chef.
Der Gesamturlaub beträgt in der Regel 25 bis 30 Arbeitstage, je nach Arbeitsvertrag.

### Arbeitszeit

Überstunden
Fällt Mehrarbeit an, bleibt Arbeitnehmern nichts übrig, als länger zu bleiben. Denn der Arbeitgeber kann grundsätzlich Überstunden anordnen.
Doch auch für Überstunden gibt es Grenzen. So dürfen sie nicht zum Normalfall werden. „Es muss tatsächlich einen betrieblichen Bedarf geben." Außerdem muss das Arbeitszeitgesetz beachtet werden. Demnach ist nach zehn Stunden am Tag und 60 Stunden in der Woche (der Samstag wird mitgezählt) Schluss.

Mehr Geld gibt es für die Mehrarbeit nicht unbedingt. In manchen Arbeitsverträgen findet sich zum Beispiel der Satz, dass mit dem Gehalt zehn bis zwanzig Überstunden pro Monat abgegolten sind.

## Versäumt

Situation **2**

1  Lesen Sie Ihre Situationskarte.

### Im falschen Zug!

Sie befinden sich in einem ICE nach Berlin (Hauptbahnhof) statt in einem Nachtzug mit Schlafwagen nach Berlin (Spandau)* und beschreiben dem Schaffner folgendes Problem:

– Ihr Ticket ist für den Nachtzug, der nach Berlin (Spandau) fährt
– Abfahrt beider Züge nach Berlin fast zur gleichen Zeit
– aus Versehen in den falschen Zug gestiegen
– Platzreservierung im ICE nicht gültig
– im Zug in der 2. Klasse kein Platz, nicht die ganze Nacht stehen

* Nachtzüge und ICEs fahren in der Regel unterschiedliche Strecken. Die Nachtzüge sind meistens auch länger unterwegs.

2  Mit welchen Adjektiven würden Sie Ihre Situation beschreiben?
schrecklich ☐ ■ furchtbar ☐ ■ entsetzlich ☐ ■ katastrophal ☐ ■ hoffnungslos ☐ ■
schwierig ☐ ■ kompliziert ☐ ■ unangenehm ☐ ■ peinlich ☐

3  Mit welchen Wendungen und Ausdrücken könnten Sie Ihre Situation beschreiben?
Machen Sie sich Notizen.

4  Beschreiben Sie Ihrer Partnerin / Ihrem Partner „Ihre" Situation so ausführlich wie möglich.
Ihre Partnerin / Ihr Partner reagiert verständnisvoll.


## Überzeugt? F3

**Rollenkarte Naturschützer**

Sie sind sich sicher, dass

▲ die Kugel die ganze Landschaft der Umgebung zerstören wird

▲ die Tierwelt gestört wird, einige seltene Tierarten könnten sogar aussterben

▲ die typische Pflanzenwelt der Umgebung zerstört würde

▲ die Wohnqualität durch den Verkehr und die Abgase abnehmen würde

▲ der Ort mit einem Plan für ökologischen Tourismus langfristig auch viel Geld verdienen könnte,
   ohne ein Risiko einzugehen

→ Sie sind gegen das Projekt.


## Entspannt C1 a

Bild A

**Günter M. Ziegler wurde 1995 mit 32 Jahren Professor an der Technischen Universität Berlin und ist seit 2006 Präsident der Deutschen Mathematiker-Vereinigung. 2008 erhielt er den Communicator-Preis\*.**

\* Dieser mit 50 000 Euro dotierte, persönliche Preis wird an Wissenschaftlerinnen und Wissenschaftler vergeben, die sich in hervorragender Weise um die Vermittlung ihrer wissenschaftlichen Ergebnisse bemüht haben.

### Kurze Auszüge aus seiner Biografie (unvollständig)

- geboren: 19. Mai 1963 in München
- Ausbildung: 1981–1987 Studium der Mathematik und der Physik
  an der Ludwig-Maximilians-Universität München;
  Studium der Mathematik am Massachusetts Institute of Technology (MIT) in Cambridge,
  dann Promotion

### Einige weitere Stationen (unvollständig)

- 1992 Habilitation an der Technischen Universität Berlin
- seit 1995 Professor für Mathematik an der Technischen Universität Berlin
- 2001 Gottfried-Wilhelm-Leibniz-Preis (Förderpreis für junge Wissenschaftler)
- 2007–2008 Initiator und Mitorganisator des Wissenschaftsjahrs der Mathematik
- Veröffentlichungen: Das Buch der Beweise (zusammen mit Martin Aigner),
  Berlin, Springer, 2002.

**Anna Lührmann ist seit 2002 Mitglied des Deutschen Bundestags und damit die bisher jüngste jemals in den Bundestag gewählte Abgeordnete. Parteizugehörigkeit: Bündnis 90/Die Grünen**

### Kurze Auszüge aus ihrer Biografie (unvollständig)

- geboren: 14. Juni 1983
- 1999/2000 Austauschjahr in Syracuse (New York), USA
- Abitur 2002, dann zunächst Studium der Sozialwissenschaften in Berlin
  seit 2003 studiert sie Politik und Organisation an der Fernuniversität Hagen
- schon als Neunjährige Interesse an Umweltfragen
- Engagement in verschiedenen Kinder- und Jugendorganisationen mit
  Schwerpunkt Umweltschutz
- seit 1998 Mitglied der Partei Bündnis 90 / Die Grünen
- seit Juni 2007 ist sie Patin der Bundespräsident-Theodor-Heuss-Schule Homberg in dem Projekt:
  „Schule ohne Rassismus – Schule mit Courage"

**Hatice Akyün ist freie Autorin.**
2005 veröffentlichte sie ihren halbautobiografischen Roman
*Einmal Hans mit scharfer Soße*, den sie auch selbst für das Hörbuch las.
Ihr Buch wurde auf Anhieb ein Bestseller. 2008 erscheint die
Fortsetzung *Ali zum Dessert*, in der sie über ihr deutsch-türkisches
Leben als Mutter schreibt.
Akyün setzt sich für den Dialog der Kulturen ein.

### Kurze Auszüge aus ihrer Biografie (unvollständig)

- geboren am 15. Juni 1969 in der Türkei
- 1972 zieht sie mit ihren Eltern und einer älteren Schwester nach Duisburg
- Deutsch lernt sie mit Grimms Märchen
- nach der mittleren Reife: Ausbildung zur Justizangestellten
- holt das Abitur nach
- ein Jahr als Au-pair in Frankreich
- Studium der Betriebswirtschaft, abgebrochen
- zugleich freie Journalistin für die Lokalredaktion der *Westdeutschen Allgemeinen Zeitung*
- 2000 Umzug nach Berlin, arbeitet für die Zeitschrift *Max* (Ein Skandal macht sie bekannt.)
- seit 2003 arbeitet sie als freie Autorin für den *Spiegel*, für *Emma* und den *Berliner Tagesspiegel*

**Die Brüder Josef Rempfler und Benjamin Rempfler
gründeten 1997 das Appenzeller Echo.
Sie spielen traditionelle Streichmusik, eigene Kompositionen,
aber auch internationale folkloristische Musik.**

**Josef Rempfler:** Beruf: IT Services/Webmaster
seine Instrumente: Violine, Akkordeon

**Benjamin Rempfler:** Beruf: Landwirt, Maurer-Polier
seine Instrumente: Hackbrett, Klavier

### Weitere Informationen (unvollständig)

- sie treten vor allem zu dritt (Trio), aber auch zu viert (Quartett)
  oder sogar zu fünft (Quintett) auf
- 2000 haben sie ihre erste CD aufgenommen
- 2007 folgte die nächste
- sie nehmen an internationalen Musikfestivals teil

## Entdeckt  B3

### Negative Meldungen zum Thema „Mikrowelle"

Die Mikrowelle kann krank machen – schon allein über die Nahrung selbst, da die Mikrowellen des Herdes die Nährstoffe zerstören und die Lebensmittel verändern.

Die Mikrowelle fördert aber auch den Trend zu Fast Food, Fertiggerichten und Designernahrung. Und die sind ungesund!

Zunge verbrannt
Erhitzt man sein Essen in der Mikrowelle, kann es auf dem Teller einerseits zu sehr heißen Stellen und andererseits zu noch kalten Bereichen in derselben Speise kommen. Gerade für Kinder ist das nicht ungefährlich.

Der Mikrowellenherd – er richtet sich in der Küche gegen dich. Man muss dringend vor den Strahlen warnen, die aus einem Mikrowellenherd austreten und unsere Gesundheit bedrohen.

Es mag ja sein, dass die Mikrowelle schonender kocht, aber manche Teile des Kochguts werden nicht richtig erhitzt und dadurch können gefährliche Keime im Essen bleiben.

Person **1**

## Bionik im Alltag und in der Prothetik

**1** **Beschriften Sie die Abbildungen.**

Hörgerät ■ Salzstreuer ■ Zange ■ Ohr ■ Krebs ■ Mohnblume

| A | B | C | D | E | F |
|---|---|---|---|---|---|
|  | 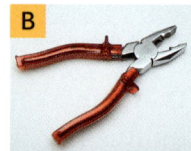 |  | 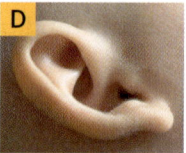 | 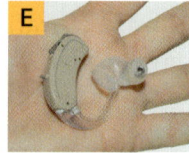 |  |

........................  ........................  ........................  ........................  ........................  ........................

**2** **Lesen Sie jetzt Ihre Inhaltskarten 1–4. Diese fassen den Inhalt Ihrer beiden darauffolgenden Texte in Stichworten zusammen.**

**1** durch ein spezielles Hörgerät können Hörgeschädigte wieder hören – wenn der Hörnerv noch nicht kaputt – hinter dem Ohr ein kleiner Empfänger, der die Laute aufnimmt – diese über Elektroden zu dem Hörnerv Innenohr geleitet – wo sie den Hörnerv reizen – das Hörgerät imitiert das Ohr

**2** der Mensch – Vorbild für technische Erfindung – Wissenschaftler versuchen, Arme, Beine, Muskeln, Augen, Ohren und vieles mehr technisch zu kopieren

**3** Salzstreuer – die Mohnblume war Vorbild – Samen reifen – am Rand der reifen Mohnkapsel (an der Kapsel) kleine Löcher – der Wind bewegt die Pflanze – die Samen fallen aus den Öffnungen heraus und verteilen sich

**4** Zange und Schere von der Natur abgeguckt – bewegt man die Griffe, erzeugt man am anderen Ende viel Kraft – das kommt durch die langen Griffe oder Schenkel und das Gelenk – wie beim Krebs – sein Gelenk und seine Greifer funktionieren genauso

**3** **Lesen Sie die beiden Texte. In welchen Abschnitten finden Sie den Inhalt Ihrer Inhaltskarten? Ordnen Sie zu.**

Text **1**

### Bionik im Alltag

Wissen Sie eigentlich, dass wir es in unserem Alltag immer wieder mit Bionik zu tun haben? Ein gutes Beispiel dafür sind Salz- und Pfefferstreuer. Das ist wirklich etwas, worüber wir uns selten Gedanken machen. Erfunden hat das Prinzip die Mohnblume: Wenn die Samen der Mohnblume reif sind, öffnet sich die Kapsel, d. h. am oberen Rand entstehen kleine Öffnungen. Wenn sich die Pflanze dann im Wind bewegt, werden die Mohnsamen durch die Öffnungen verstreut.

Es gibt auch noch ein anderes berühmtes Beispiel: unsere Zange oder unsere Schere. Dieses Werkzeug basiert auf einem sehr einfachen technischen Prinzip: Zwei Schenkel kreuzen sich, und in der Mitte gibt es ein Gelenk. Durch die Bewegung der Griffe wird auf die anderen Enden Kraft ausgeübt. Durch die Länge der Schenkel wird die Kraft am anderen Ende der Zange oder Schere größer. Diesen Effekt nennt man Hebelwirkung. Abgeguckt hat der Mensch die Hebelwirkung vom Krebs. Mit seinen Zangen kann der Krebs seine Beute ergreifen und harte Schalen knacken. Die Greifer und das Gelenk sind mit unserem Werkzeug vergleichbar.

## Künstliche Sinnesorgane

Auch der Mensch selbst ist ein Wunderwerk der Natur und damit Vorbild für viele technische Erfindungen. Wissenschaftler versuchen seit Jahrzehnten, Sinnesorgane, Muskeln oder Extremitäten in technische Systeme umzusetzen, um Menschen mit Behinderungen zu helfen.

Eine wichtige Erfindung sind die Hörprothesen. Diese übernehmen die Funktion der zerstörten oder geschädigten Sinneszellen im Innenohr. Erfunden haben Wissenschaftler nun eine ganz spezielle Hörprothese: Ein Empfänger wird hinter dem Ohr implantiert. Er ist durch Elektroden mit dem Innenohr verbunden. Der Klang (der Schall) wird in elektrische Reize umgewandelt und an den Hörnerv weitergeleitet. Das funktioniert aber nur, wenn die Hörnerven nicht geschädigt sind. Besonders für hörgeschädigte Kinder sind diese Prothesen sehr wichtig.

**4** Sie erhalten Ihre Inhaltskärtchen 1–4 im Kurs oder schreiben die Inhalte Ihrer Kärtchen auf kleine Zettel.
Sie brauchen Ihre vier Inhaltskärtchen für das folgende Gespräch.

## Entdeckt **B3**

### Positive Meldungen zum Thema „Mikrowelle"

Kampf den Keimen in der Küche
Schwämme oder Lappen für circa zwei Minuten in die Mikrowelle legen, da werden bis zu 90 Prozent der Keime abgetötet. Doch Vorsicht, keine metallhaltigen Materialien in die Mikrowelle legen!

Perfekt kochen auch für Ungeübte
Die Mikrowelle macht's möglich: Nicht nur, dass nichts anbrennt, sondern das Gerät sorgt auch dafür, dass die optimale Garzeit eingehalten wird. Auch kann die Temperatur genau eingestellt werden.

Passt überall
Sie haben keinen Platz für einen Herd? Kein Problem, die Mikrowelle passt in jedes Regal – und sie ist formschön.

Abnehmen mit der Mikrowelle
Das Kochen in der Mikrowelle spart nicht nur Zeit, sondern auch Fett.

Gesünder kochen mit der Mikrowelle
Wer mit der Mikrowelle kocht, kocht sein Essen nicht „tot": Oft ist der Geschmack intensiver und natürlicher als bei gängigen Garmethoden. Und außerdem bleiben durch das schonende Kochen in der Mikrowelle wesentlich mehr Vitamine erhalten.

Person **2**

## Mensch und Tier als Vorbild

**1** **Beschriften Sie die Abbildungen.**

Hand ■ Bienenwaben ■ Ziegelstein ■ Handprothese ■ Autoreifen

 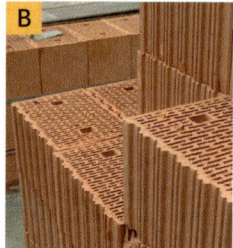 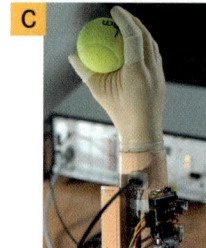  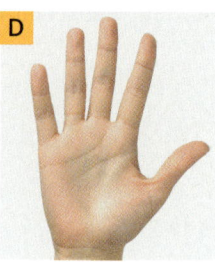

A                             

........................ ........................ ........................ ........................ ........................

**2** **Lesen Sie jetzt Ihre Inhaltskarten 5–8. Diese fassen den Inhalt Ihrer beiden darauffolgenden Texte in Stichworten zusammen.**

**5** Wissenschaftler – bewegliche Finger konstruieren – Nerven des Menschen über Kabel mit der künstlichen Hand und den künstlichen Fingern verbinden – Nerven und Kabel arbeiten zusammen

**6** sechseckige Bienenwaben als Vorbild genommen – nach dem Vorbild Ziegelsteine gebaut – Vorteil: weniger Material, gute Isolierung

**7** Konstrukteure: neue Winterreifen mit Wabentechnik entwickelt – sicherer auf Glatteis – besser beim Bremsen

**8** Wunderwerk der Natur: die Hände – schon lange Ersatzhände aus Holz oder Metall – aber kaum beweglich – seit einigen Jahren Handprothesen mithilfe von Elektromotoren – kleine Bewegungen

**3** **Lesen Sie die beiden Texte. In welchen Abschnitten finden Sie den Inhalt Ihrer Inhaltskarten? Ordnen Sie zu.**

Text **3**

### Prothesen

Ein besonderes Wunderwerk der Natur ist die menschliche Hand. Seit Jahrzehnten versuchen Wissenschaftler, bewegliche Ersatzhände zu bauen. Nach einfachen Holz- und Metallprothesen, die man überhaupt nicht oder kaum bewegen konnte, wurden vor einigen Jahren die ersten elektrisch arbeitenden Prothesen entwickelt. Durch Elektromotoren angetrieben, können diese Prothesen einfache Handbewegungen ausführen. Dies ist für die Betroffenen ein Fortschritt, aber sicher keine optimale Lösung.

Wissenschaftler versuchen jetzt aber, bewegliche Finger zu entwickeln. Das würde die Beweglichkeit der Handprothesen vergrößern und die Betroffenen könnten damit wesentlich mehr machen. Die Forscher wollen die Nerven des Menschen, die die Finger steuern, über Kabel mit den mechanisch arbeitenden Teilen der künstlichen Hand verbinden. Biologie und Technik, also Nerven und Kabel, sollen möglichst störungsfrei zusammenarbeiten.

Text **4**

## Den Bienen nachgemacht

In der Natur überleben zumeist nur Entwicklungen, die möglichst wenig Energie und wenig Material brauchen und trotzdem stabil und haltbar sind. Viele Ingenieure und Architekten orientieren sich deshalb heute an Pflanzen und Tieren.

Sechseckige Formen haben sich im Tierreich als besonders sparsam und stabil erwiesen. Man findet diese sechseckigen Formen, die man Wabenstruktur nennt, zum Beispiel bei Bienenwaben. Dieser Idee folgend, hat man Ziegelsteine entwickelt, die besonders haltbar sind, weniger Material verbrauchen und durch ihre Luftkammern auch besser isolieren.

Bienenwaben sind aber auch ein gutes Vorbild, wenn es darum geht, Druck auszuhalten. Die Waben verteilen den Druck auf eine große Fläche. Dies haben Konstrukteure von Autoreifen ausgenutzt: Durch die Wabenstruktur kann sich der Reifen optimal an den Untergrund anpassen, das hat Vorteile bei Glatteis und beim Bremsen.

**4** Sie erhalten Ihre Inhaltskärtchen 5–8 im Kurs oder schreiben die Inhalte Ihrer Kärtchen auf kleine Zettel.
Sie brauchen Ihre vier Inhaltskärtchen für das folgende Gespräch.

## Entdeckt C3

Lesen Sie die Notizen. Zu welchen Aspekten finden Sie Informationen?
Kreuzen Sie an. Notieren Sie Stichpunkte.

| | | |
|---|---|---|
| geografischer Name | ☐ | .......................................... |
| geografische Angaben | ☐ | .......................................... |
| positive Aspekte der Gegend | ☐ | .......................................... |
| negative Aspekte der Gegend | ☐ | .......................................... |
| Sehenswürdigkeiten | ☐ | .......................................... |
| Freizeitmöglichkeiten | ☐ | .......................................... |
| Besonderheiten | ☐ | .......................................... |
| Legenden | ☐ | .......................................... |

### Das Waldviertel

- liegt im Nordwesten Niederösterreichs zwischen Donau und Tschechien
- Name kommt daher, dass es früher hier zahlreiche Wälder gab
- besonders schön: viel Platz, weite Landschaft, wenig Besiedelung
- Klima eher rau
- zahlreiche Burgen, Schlösser und Klöster, historisch interessant, trotzdem kaum Tourismus
- Problem: Menschen arbeiten hier in der Landwirtschaft, wenig Industrie, deshalb ziehen viele weg
- Gesamtfläche des Waldviertels beträgt 90 mal 60 Kilometer, eine eher kleine Region
- berühmt für die vielen Steine: riesige Felsbrocken, Granitblöcke, die man Wackelsteine nennt
- Wackelsteine sehen nicht nur so aus, als ob sie wackeln würden, sie wackeln wirklich – aber wie sind sie entstanden? Dazu gibt es viele Legenden und Sagen: Eine sagt, dass Gott sie dort gelassen hat, weil er von der Arbeit schon sehr müde war.
- zahlreiche Freizeitaktivitäten möglich: Golfspielen, Wandern, Radfahren, Angeln

## Nachgemacht?  C3 b

**A** – Beachten Sie: Die Höhe eines Studentenkredits liegt so zwischen 300 und 480 Euro monatlich. Wie viel brauchen Sie?
– Beachten Sie: Bei einem Studentenkredit werden die Zahlungen in Monatsraten geleistet.
– Denken Sie daran: Man muss den Kredit zurückzahlen.
– Man sollte immer prüfen: Wäre auch eine andere Finanzierung möglich? Das wäre auf jeden Fall günstiger.
– Bevor man ein Darlehen aufnimmt, sollte man sich unbedingt darüber informieren, wie viel Zinsen man für den Kredit bezahlen muss.

## Entdeckt  C3

Lesen Sie die Notizen. Zu welchen Aspekten finden Sie Informationen?
Kreuzen Sie an. Notieren Sie Stichpunkte.

geografischer Name ☐ ......................................................................................................
geografische Angaben ☐ ......................................................................................................
Attraktionen für Touristen ☐ ......................................................................................................
mögliche Aktivitäten ☐ ......................................................................................................
Besonderheiten ☐ ......................................................................................................
Legenden / Sagen ☐ ......................................................................................................

### Der Blautopf

– die Stadt Blaubeuren liegt im Osten von Baden-Württemberg, nicht weit entfernt von Ulm
– dort befindet sich der berühmte *Blautopf*
– das ist eine Quelle am Rand der Schwäbischen Alb
– berühmt für ihre Farbe
– die blaue Färbung des Wassers kommt von dem hohen Kalkanteil des Wassers
– das Blauhöhlensystem dort ist eine Verbindung von zwei aktiven Wasserhöhlen, die ein zusammenhängendes System bilden: Bisher sind 5480 Meter dieser Höhlengänge vermessen worden
– aus diesem Höhlensystem fließt das Wasser in die Quelle, den Blautopf, von wo aus das Wasser in einen Fluss fließt, das ist die Blau
– das Wasserhöhlensystem kann wegen seiner Gefährlichkeit nur von sehr guten und geübten Höhlentauchern erforscht werden
– rund um den Blautopf schöne Aussichtpunkte, schöne Wanderwege
– nicht nur der Blautopf ist für Touristen aus aller Welt ein Anziehungspunkt, sondern auch die herrliche Altstadt von Blaubeuren
– die Stadt ist seit dem 13. Jahrhundert bekannt
– schöne alte Gebäude, gute Lokale, berühmte Klosteranlage
– zahlreiche Sagen und Legenden: Eine erklärt die Farbe des Blautopfs damit, dass täglich ein Fass voll Tinte in die Quelle geschüttet wurde, eine andere damit, dass die Quelle keinen Boden hat.

# Nachgemacht?

Person **3**

## Alltagsbionik und Konstruktionsbionik

**1** **Beschriften Sie die Abbildungen.**

Lotusblüte ■ Samen des Löwenzahn ■ Hubschrauber ■ Libelle ■
Münchner Olympiastadion ■ Hauswand ■ Fallschirm ■ Zitterspinne

A

...................

B

...................

C

...................

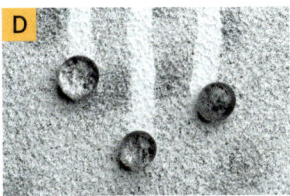
D

...................

E

...................

F

...................

G

...................

H

...................

**2** **Lesen Sie jetzt Ihre Inhaltskarten 9–12. Diese fassen den Inhalt Ihrer beiden darauffolgenden Texte in Stichworten zusammen.**

**9** Vorbilder für den Helikopter: der Kolibri oder die Libelle – können in der Luft schweben – können sehr schnell mit den Flügeln schlagen und die Flügelstellung immer wieder verändern

**10** auch beim Bauen von der Natur lernen – manchmal etwas komisch – so auch zum Beispiel die Dachkonstruktion des Münchner Olympiastadions – vom Netz einer Spinne abgeguckt – Dach hängt so wie das Netz der Spinne – ist besonders stabil

**11** Vorbild für den Fallschirm – der Samen des Löwenzahns – der leichte Schirm lässt den Samen langsam schweben – der Fallschirm trägt den Menschen langsam zu Boden

**12** Oberflächen – nicht schmutzig werden – ist heute Realität – Vorbild das Blütenblatt der Lotusblüte – dort winzige Strukturen auf der Oberfläche – Industrie baut sie nach

**3** **Lesen Sie die beiden Texte. In welchen Abschnitten finden Sie den Inhalt Ihrer Inhaltskarten? Ordnen Sie zu.**

Text **5**

### Baustrukturen

Die Menschen suchen nach baulichen Konstruktionen, mit denen man möglichst feste Körper – oder Baustrukturen herstellen kann, ohne viel Material zu verwenden. Dafür bieten Pflanzen und Tiere viele Vorbilder, auch wenn sie manchmal etwas eigenartig aussehen.

Als der Architekt Frei Otto das Dach des Münchner Olympiastadions entworfen hat, war für ihn das Netz der Zitterspinnen, das zwischen Gräsern aufgehängt ist, ein gutes Beispiel. Die Glas- und Stahlkonstruktion des Daches ist frei an Masten aufgehängt. Durch die unterschiedliche Krümmung der Dachfläche bekommt die Konstruktion große Stabilität.

1470 zeichnete Leonardo da Vinci den ersten Menschen, der mit einem Fallschirm niedersank. Seinen Fallschirm hat er nach dem Vorbild der Samen des Löwenzahns entwickelt. Bis heute schweben alle Fallschirmspringer ähnlich wie der Samen mit dem leichten Schirm zu Boden.

**Vögel als Ideengeber**

Faszinierende Flugtechnik: Der Hubschrauber kann leicht wenden, beherrscht die kompliziertesten Flugmanöver und kann sogar in der Luft stehen. Doch die Perfektion seiner natürlichen Vorbilder erreicht er nicht. Die natürlichen Hubschrauber sind die Kolibris und die Libellen. Indem sie schnell mit den Flügeln schlagen und die Stellung der Flügel ständig ändern, können sie in der Luft stehen. Der Hubschrauber braucht zusätzlich die Flügelrotation.

Gartenmöbel, Hauswände, Autos oder Fensterscheiben, die nicht schmutzig werden, sich nach einem Regen sogar selbst reinigen. Das konnte man sich vor wenigen Jahren noch nicht vorstellen, heute gibt es sie. Das Vorbild war die Lotusblüte, die im schmutzigsten Gewässer schneeweiße, saubere Blüten hat. Die winzige Struktur auf der Blütenoberfläche ist dafür verantwortlich, dass Flüssigkeiten einfach drüberlaufen, aber nicht antrocknen und auf dem Blatt bleiben. Die Forscher haben diese Oberfläche einfach nachgemacht.

**4** Sie erhalten Ihre Inhaltskärtchen im Kurs oder schreiben die Inhalte Ihrer Kärtchen auf kleine Zettel.
Sie brauchen Ihre vier Inhaltskärtchen für das folgende Gespräch.

## Nachgemacht? A2 c

Lösungen:

| | |
|---|---|
| kaffepaussi | außer Betrieb |
| vigéc | Vertreter (der von Tür zu Tür geht) |
| arubaito | Nebenjob |
| kanitzeen boot | Unterseeboot |
| vasistas | Dachfenster |
| wihajster | Dingsbums |
| la manschaft | die deutsche Elf |

## Entdeckt E1 b

**Entdecken Sie die schöne neue Welt der *Happy Enders* und unterstützen Sie unsere vielfältigen Projektideen für die Generation 50 plus. Investieren Sie in die Zukunft! 100 % Gewinn bei null Risiko!**

Wir sind ein Team von erfahrenen Ingenieuren und Produktentwicklern, die sich seit Jahren mit den Folgen der demografischen Entwicklung für den Handel beschäftigen. Unsere Ideen haben wir schon bei vielen Kunden erfolgreich umgesetzt. Für namhafte Handelsketten haben wir innovative Supermarktkonzepte entworfen, für Auto- und Computerhersteller entwickeln wir seniorengerechte Modelle und auch für Versicherungen und Banken bieten wir Möglichkeiten, ihre Produkte zunehmend auf *Happy Enders* abzustimmen. Handys mit Notruftaste, Computer mit übergroßer Tastatur und Lupen im Supermarktregal – angesichts des demografischen Wandels stellen sich Industrie und Handel immer mehr auf die Generation der *neuen Alten* ein, die immer zahlreicher wird und noch nie so kaufkräftig und agil war. Die Kaufkraft der Generation 50 plus liegt derzeit bei durchschnittlich rund 21 000 Euro pro Kopf und Jahr, gut 2000 Euro mehr als bei den bis zu 49-Jährigen. Schon heute ist beinahe jeder vierte Bundesbürger über 60 Jahre alt. 2030 wird der Anteil der über 60-Jährigen an der Gesamtbevölkerung fast ein Drittel betragen. Wann setzen Sie auf die Zukunft? Kommen Sie zu uns und lassen Sie sich unverbindlich beraten! Wir freuen uns auf Sie.
Ihr Team der
*Happy Enders* OHG

## Nachgemacht?  C3 b

**B** – Beachten Sie: Ein Studentenkredit wird nicht als einmalige Kreditsumme ausgezahlt, sondern in monatlichen Raten.

– Denken Sie daran: Man muss nicht nur das geliehene Geld zurückzahlen, sondern auch noch Zinsen zahlen.

– Wissen Sie, dass man einen Studentenkredit unabhängig von der finanziellen Situation der Eltern bekommen kann?

– Wussten Sie auch, dass man unter bestimmten Bedingungen auch als Ausländer ein BAFöG\*-Darlehen bekommen kann? Erkundigen Sie sich rechtzeitig.

– Es wird geraten, grundsätzlich frühzeitig mit der Recherche, wo und wie man ein Darlehen bekommen kann, anzufangen.

\* BAFöG ist ein staatlicher Kredit nach dem Bundesausbildungsförderungsgesetz. Der Kredit ist zinslos, die Höhe hängt vom Einkommen der Eltern ab.

## Überzeugt? A c

## Nachgemacht? A1 b

In jeder Sprachgemeinschaft besteht die Bereitschaft, Wortgut aus fremden Sprachen aufzunehmen, zum Beispiel, wenn sich eine Benennungslücke zeigt. Ein neues Wort wird manchmal auch mit einer neuen Sache übernommen, kulturelle Vorbilder sowie Idole werden in anderen Ländern gefunden. So nimmt auch das Deutsche seit jeher Wörter aus anderen Sprachen auf, wie Computer oder Perestroika, Kultur oder Religion. Aber auch auf der Suche nach deutschem Wortgut in anderen Sprachen lassen sich viele Beispiele finden. Es ist erstaunlich, welche deutschen Wörter in die entferntesten Winkel der Welt gewandert sind …

### Was ist richtig? Kreuzen Sie an.

1　☐ Ein ausgewandertes Wort ist ein Wort, das in seiner Herkunftssprache nicht mehr benutzt wird.
　☐ Ein ausgewandertes Wort ist ein Wort, das auch in einer fremden Sprache benutzt wird.

2　☐ Wörter aus fremden Sprachen gibt es fast nur in der deutschen Sprache.
　☐ Deutsche Wörter werden in vielen Sprachen der Welt benutzt.

3　Wörter aus anderen Sprachen benutzt man, wenn …
　☐ es in der eigenen Sprache kein passendes Wort gibt.
　☐ etwas Neues aus einer anderen Kultur übernommen wird. Die Bezeichnung dafür wird dann gleich mit übernommen.
　☐ das Wort in der Herkunftssprache nicht mehr gebraucht wird.
　☐ eine Sache aus einer anderen Kultur als besonders gut und nachahmenswert empfunden wird.

# Lösungen - Fokus Grammatik

**Seite 13: 1** c Jemand ist mitten in einer Tätigkeit **2a** 1 B am Kochen ist; C war beim Gemüseschälen;
2 E im Augenblick; F im Augenblick 3 H gerade dabei bin, ... zu gehen; **2b** 1 eher mündliche Sprache;
2 mündliche Sprache und Schriftsprache

**Seite 18: 1a** 1, 3, 4, 6, 7; **b** 1; 3; 4, 6, 7; **2 b** Foto A: 3; 5; 7; 10; Foto B: 6; 9; Foto C: 4, 8, 11, Foto D: 1, 2;
**3a** Gespräch 1: E; Gespräch 2: F; Gespräch 3: A; Gespräch 4: D; Gespräch 5: B; Gespräch 6: C; **3b** a
Gespräch 3; b Gespräch 2; c Gespräch 5; d Gespräch 1; e Gespräch 6; f Gespräch 4; **4** 1 falsch; 2 richtig;
3 richtig; 4 richtig

**Seite. 27: 1b** *Negationswörter*: Satz: 1, 2, 3, 4, 5, 7, 8, 9, 10, 12; *Negation durch Vorsilben*: Satz 6, 14;
*Negation durch Nachsilben*: Satz 11; *Negation durch Konjunktionen*: Satz 13; *Negation durch Adjektive, die
das Gegenteil ausdrücken*: Satz 12; **2** 1 ☺ Ja, klar, die wollen doch gewählt werden; 2 ☺ Kaum, wie soll das
denn gehen?, Na ja, ein bisschen wird es wohl stimmen; 3 ☹ Nein, kein Wort; Nein, überhaupt nicht;
Das kann doch nicht stimmen.
**3a** 1 werde ich dich heiraten; 2 störst du mich; 3 ich höre; 4 hat hier geraucht; 5 habe; keinen Hunger
*Ergänzen*: nicht; 6 mir gefällt hier; etwas; Gefällt dir; mir gefällt hier; **3b** 2

**Seite 29: 1b** Die Sätze verändern sich in ihrer Aussage **1c** 1 Überraschung; 2 Überraschung; 3 Zustimmung;
4 Erstaunen; 5 Gleichgültigkeit; 6 Feststellung; 7 Feststellung; **2** 1 B; 2 A; 3 D; 4 C; 5 C; 6 B **3** 1 Partikeln
verändern die Sätze in ihrer Aussage.; 2 Mit den Partikeln kann man besser und genauer ausdrücken, was
man sagen möchte.; 3 Partikeln sind besonders in der gesprochenen Sprache wichtig.; 4 Die Bedeutung
der Partikeln ist vielfältig und hängt auch von der Betonung ab.

**Seite 44: 1a** sogar; **b** persönlich, eigenständig; **2 A**: 2, 4, 6; **B**: 1, 3, 5; **3b** *selbst* verstärkt die Bedeutung
von sich. **3c** *selbst* verstärkt die Bedeutung des Bedingungssatzes.

**Seite 45: 1a** 1 C, 2 C, 3 B, 4 C, 5 C, 6 C, 7 A; **1b** 1 M, 2 M, 3 M, V, 4 V, V; 5 V; **2b** 1 blau; 2 grün; 3 gelb;
**2c** 1 b; 2 a; **3** 1 sehen; 2 hören; 3 sehen

**Seite 58: 1b** Satz 1 und Satz 3;

| | Satzanfang | Verb | weitere Teile, wie Akkusativergänzung mit bestimmtem Artikel, Dativergänzung, Angaben ... | Satzende Akkusativergänzung mit unbestimmtem Artikel / mit Nullartikel | Verb / Verben |
|---|---|---|---|---|---|
| 1 | Stell dir vor, ich | habe | den Job sofort | | bekommen! |
| 2 | Stell dir vor, ich | habe | sofort | einen Job | bekommen! |
| 3 | Stell dir vor, ich | habe | ihn sofort | | bekommen! |

**2** 1a meiner Oma einen Blumenstrauß 1b den Blumenstrauß meiner Oma; 1c meiner Oma den Blumenstrauß;
1d ihn meiner Oma; 2a keine Hunde; 2b den Hund nicht; 3a gestern keinen Menschen; 3b diese Person
gestern; **3a** falsch; **3b** 1: 3b; 2 1a, 2a, 3a; 3: 1b, 1c, 2b, 3b 4: 1d; 5: 1a–d, 3a; **4a** 1, 2, 4, 6; **4b** 1 Stell dir
vor, ich habe sofort einen Job bekommen. 2 Du kannst nachher den früheren Zug nehmen. 4 Das Konzert
dauerte leider nur eine Stunde. 6 Ausnahmsweise habe ich meinem Sohn gestern im Park ein Eis gekauft.

**Seite 60/61: 1b** 3, 4; **1c** die Grundregeln der Satzstellung eingehalten wurden. **2a** 1 Seit vielen Jahren
arbeite ich schon in diesem Unternehmen. 3 Aufgrund der überwältigenden Resonanz wird unsere Aktion um
weitere vier Wochen verlängert. 4 Hier kannst du nichts mehr machen. 5 Im Gymnasium war ich nur bis zur
zehnten Klasse.

**2b** 1 Seit vielen Jahren (seit wann?) arbeite ich (wer?) schon in diesem Unternehmen (wo?).
2 Wenn ich morgens aufstehe (wann?), muss ich (wer?) erst einmal in die Badewanne (wohin?).
3 Aufgrund der überwältigenden Resonanz (warum?) wird unsere Aktion (was?) um weitere vier Wochen
(wie lange?) verlängert.
4 Hier (wo?) kannst du (wer?) nichts (was?) mehr machen.
5 Im Gymnasium (wo?) war ich (wer?) nur bis zur zehnten Klasse (bis wann?).
6 Damals (wann?) hatte ich (wer?) keine Lust (was?) mehr auf Schule, Schule, Schule (worauf?).

**2c** Vor dem Verb steht nur eine Information, zum Beispiel wann etwas passiert ist oder wer etwas getan hat.
Wenn vor dem Verb zwei Informationen stehen und Sie mit zwei Fragewörtern danach fragen können (z.B.

# Lösungen - Fokus Grammatik

wann etwas passiert ist und wer etwas gemacht hat), dann ist die Wortstellung falsch. **3a** 1 Selbstverständlich; 2 So; 3 Erstens; 4 Zuerst; 5 Zum Beispiel; 6 Deshalb; **3b** erstens, so, deshalb, trotzdem, heute, folglich, am frühen Morgen, zum Beispiel, dann, zuerst, selbstverständlich, dort; **3c** alle Adverbien, alle Ausdrücke, nach denen man mit *wer, wann, wo,* warum etc. fragen kann, Nebensätze, einige Konjunktionen

**Seite 70: 1** 1 p; 2 u; **2b** 1 lässt/lassen sich finden; 2 ist/sind zu finden; 3 finden / findet sich; 4 ist/sind auffindbar; 5 können / kann gefunden werden; 6 geht / gehen verloren; 7 geraten / gerät in Vergessenheit; 8 ist/sind verschwunden; Achtung: Lösungen im Infinitiv sind nicht richtig, weil unpersönliche Ausdrücke nur in der dritten Person Singular/Plural stehen können. **2c** 1 richtig; 3 richtig; **3** 1 Das ist nicht zu lesen. Man kann das nicht lesen. Das lässt sich nicht lesen. Das ist nicht lesbar. 2 Das ist zu machen. Man kann das machen. Das lässt sich machen. Das ist machbar. 3 Mit dem Fernglas war alles gut zu erkennen. Mit dem Fernglas konnte man alles gut erkennen. Mit dem Fernglas ließ sich alles gut erkennen. Mit dem Fernglas war alles gut erkennbar. 4 War die Aufgabe zu lösen? Konnte man die Aufgabe lösen? Ließ sich die Aufgabe lösen? War die Aufgabe lösbar?

**Seite 73: 1b** mit Futur: blau; mit Modalverben: gelb; mit Adverbien: grün; mit Verben des Glaubens, des Vermutens: rosa; **2a** A–V; B–F; **2b** A–M; B–H; **3a** A2, B4, C1, D3; **3b** A 100 %; B 90 %; C 50 %; D 75 %;

**Seite 84: 1a** A Aktiv, B Passiv; **1b** 1 stimmt; 3 stimmt; 4 stimmt; **1c** *naheliegende Lösungen:* 1a; 2b; 3b; 4c; 5a; 6c; 7d; 8a; **2b** a Satz 1; b Satz 2, 3, 4; c Satz 2; d Satz 1, 3;

**Seite 88: 1b** 1 durch; 2 dadurch, dass 3 Indem; 4 durch; 5 Dadurch, dass; 6 indem; **2b** 1 Ohne; 2 ohne; 3 Ohne ... zu; 4 ohne ... zu; 5 Ohne; 6 Ohne dass

**Seite 97: 1b** 1, 4; **2** A nicht nur ..., sondern auch; B nicht nur ..., sondern auch; darüber hinaus; C darüber hinaus; D erstens – zweitens – drittens; E zum einen – zum anderen; F außerdem; G nicht nur ..., sondern auch; neben ... auch; sowie; dazu; Außerdem; sowohl ... als auch; **3a** 1 Der Radar Range war fast zwei Meter hoch. Außerdem/Darüber hinaus/Dazu wog er auch stolze 400 Kilo. Erstens war der Radar Range fast zwei Meter hoch. Zweitens wog er auch stolze 400 Kilo. Der Radar Range war nicht nur fast zwei Meter hoch, sondern wog auch stolze 400 Kilo. Zum einen war der Radar Range fast zwei Meter hoch, zum anderen wog er auch stolze 400 Kilo. Der Radar Range war fast zwei Meter hoch sowie 400 kg schwer. 2 Die Software macht Spaß. Außerdem/Darüber hinaus/Dazu fördert sie die Kreativität. Erstens macht die Software Spaß, zweitens fördert sie die Kreativität. Die Software macht nicht nur Spaß, sondern fördert auch die Kreativität. Zum einen macht die Software Spaß, zum anderen fördert sie die Kreativität. 3 Das Computerspiel macht neben den Kindern auch den Eltern Spaß. Das Computerspiel macht nicht nur den Kindern, sondern auch den Eltern Spaß. Das Computerspiel macht sowohl den Eltern als auch den Kindern Spaß. Das Computerspiel macht zum einen den Kindern und zum anderen den Eltern Spaß. Das Computerspiel macht den Kindern sowie den Eltern Spaß.

**Seite 102: 1a** A2; B1; **2b** *bestimmte Artikel / Demonstrativartikel*: h – dieses; h – jenes; d – jeden; i – derselbe; i – derjenige; j – solche; *unbestimmte Artikel*: a – irgendein; *Possessivartikel*: d – deiner; *Mengen beschreibende Artikelwörter*: b – kein; c – alle; e – manche; f – etliche; g – mehrere; k – lauter; l – sämtliche; **3** 1 meiner; 2 den; 3 irgendeins; 4 Keine; 5 Mehrere; Manche; 6 derselbe; 7 alle

**Seite 115: 1b** Bach erfüllte ihm seinen Wunsch, woraufhin Graf Keyserling den Cembalisten Goldberg engagierte, der eine Kammer in der Nähe des Schlafgemaches des Grafen bezog, um jedes Mal, wenn der Graf nicht schlafen konnte, die Komposition von Bach vorzuspielen. Und siehe da, es half. **1c** 2, 3, 5; **1d** 1 Weil sie auf nichts verzichten wollte, suchte sie sich einen Freund mit großzügigeren finanziellen Möglichkeiten. 2 Am effektivsten spart man Benzin, indem man sein Auto in der Garage lässt. 3 Er hat wieder nichts gemacht, obwohl ich es ihm schon tausendmal gesagt habe. Das ist doch die Höhe! 4 Wo ist denn die Tasche, in der das Handy ist? 5 Wo es einen Ball gibt, gibt es auch eine Fußballmannschaft. 6 Kannst du mir sagen, was das soll? **2a** ... Deutschland errechneten ... **2b** darf kein Komma stehen. **2c** 1 ... Studiums unterstützen ... 2 ... die Dollar-Schwäche erwirtschaftete... 3 – 4 ... Sozialformen erarbeiteten die .... 5 ... Wochenende wurde seitens ... 6 bei Bodenspekulationen musste ...

**Seite 116: 1b** Nomen, Namen, Wörter am Satzanfang **1c** groß **2b** nach langen Vokalen und Diphtongen **3a** Theorie, Rhythmus, physikalisch, intellektuell, Funktion, zentral, Kopie, flexibel, Philosophie, magnetisch; **3b** 2

# Quellenverzeichnis

Umschlag: von oben links nach unten rechts: © MEV; © panthermedia/Hans-Joachim A.; © MEV; © panthermedia/W. Heiber; © MEV; © panthermedia/Bastian M.; © MEV (3x); © Creatas/Stockbyte; © MEV (3x); © panthermedia/M. Schwarz

Seite 10: B © Fotex/R. Zorin; C © Bildunion/Christian Köhler; D © Getty Images/Digital Vision; E © culture-images/MPI/Hans Dieter Seufert

Seite 13: Text D © dpa, 22.10.2008; Text H aus *Als ich gerade dabei bin ins Bett zu gehen* von Claudia Riedel, Die Zeit, 44/2000

Seite 15: Text *was gibt es schöneres* aus: Friedrich Achleitner: wiener linien © Paul Zsolnay Verlag Wien 2004

Seite 18: Foto oben © Image Source; Fotos unten: A © Shotshop/Juha Tuomi; B © Shotshop/Marcus; C © panthermedia/Thomas I.; D © iStockphoto/Justin Horrocks

Seite 19: Zeichnung © Herwig Laggner/Pinkhouse Studio; Text *Die ganze Welt in einer Kugel* aus *Krone Bunt* vom 05.09.1997, Seite 3

Seite 22: Einwurf © panthermedia/Christian S.; Parlament Wien © panthermedia/Günter F.; Rathaus Köpenick © panthermedia/Dieter M.; Wahlurne © vario images

Seite 23: Reichstag Berlin © irisblende.de; Nationalrat Bern © panthermedia/Susan M.; Frauenwahlrecht © Stiftung Bruno Kreisky Archiv

Seite 24: A © panthermedia/Martina H.; B © irisblende.de; C © iStockphoto/Andrey Armyagov; D © panthermedia/Manfred K.; E © picture-alliance/dpa

Seite 25: A © panthermedia/Kati N.; B © panthermedia/Martina H.

Seite 26: Texte b und c © Heinz W. Pahlke, www.Pahlke-KunstWebDesign.de

Seite 28: Text *Size Germany* © dpa, 04.12.2007; Foto © panthermedia/Ursula J.

Seite 30: A © picture-alliance/Helga Lade Fotoagentur; B © Walter Klasz, Technische Universität München; C © panthermedia/Manfred K.; D © Dominique Marc Wehrli; Text *Großer Klotz in sensibler Landschaft* © Schweizer Radio DRS, www.drs.ch

Seite 31: © Helga Holtgrefe; Text E2a © Diözese Linz, www.dioezese-linz.at

Seite 32: © Eva Fischer, Fischlham

Seite 36: von oben nach unten: © irisblende.de; © panthermedia/Matthias K.; © picture-alliance/Rainer Hackenberg

Seite 37: von links oben:; © panthermedia/Rüdiger R.; © Stadt Linz/Bärbel Wagner; © Caro/Oberhaeuser; © Koerting Hannover AG; Text *Arbeitersiedlung Körtingsdorf* von Monika Sonneck unter www.hannover.de

Seite 38: A © panthermedia/Werner H.; B © MEV; C © panthermedia/Michael K.; D © irisblende.de

Seite 39: Reisefieber © Aron Yhat

Seite 40: oben © Focus/Maria Stéen/Moment; unten © picture-alliance/dpa; Text C1 aus *In 53 Minuten zum Brunnen schlendern* von Peter Becker, Süddeutsche Zeitung, 25.11.2003

Seite 41/42: Text *Mein Freund Baki* von Heike Faller aus ZEIT Magazin Leben, Nr. 44 vom 25.10.2007, S. 22-26

Seite 44: © iStockphoto/Andrzej Burak

Seite 46: Text E 2 aus *Morgen. Versprochen!* von Sigrid Neudecker, ZEIT Wissen; Text E3 von Hans Werner Rückert, Freie Universität Berlin

Seite 50/51: von links oben: © Bildunion; © irisblende.de; © panthermedia/Eugen A.; © fotolia/erwinvesper; © panthermedia/Beate G.; © fotolia/Vitaliy Sinkevich; © fotolia/Torsten Balzer; Texte (bis auf E-Book) nach/aus *Haben wir es verpasst, unser Wissen rechtzeitig und vernünftig zu archivieren?* von Jan Lehmhaus in Momentum 3/2008

Seite 52: A © irisblende.de; B © fotolia/Eva Kahlmann; C © Cover *Bayerns Königinnen* von Martha Schad, Piper Verlag; D, E © irisblende.de

Seite 54: von oben nach unten: © panthermedia/Stefan D.; © irisblende.de; © panthermedia/Uwe D.

Seite 55: © picture-alliance/dpa

Seite 57: Fotos oben © Michael Werner, www.picasso-geklont.de; unten © Bildunion/Florian Köhler

Seite 64: von links oben: Dekorationsstoff *Flash* © JAB Josef Anstoetz KG; Kühlschrank KFN 8998 SE ed © Miele & Cie. KG; Haustelefon HT811-0 © S. Siedle & Söhne OHG; Golfschuh Tour 360 II © adidas Group; Stuhl *Andoo* © Walter Knoll; Hintergrund und red dot-Logo und Text © Design Zentrum Nordrhein Westfalen

Seite 65: von links oben: Servo-Drive Auszugssystem © Julius Blum GmbH; Walch-Wendefenster © Walch GmbH; Lawinenschaufel *Raptor* © Mammut Sports Group AG

Seite 66: A © MHV-Archiv; B © irisblende.de; C © picture-alliance/Newscom; D © Cover *Ein perfekter Freund* von Martin Suter, Diogenes Verlag; F © panthermedia/Peter A.

Seite 67: Fotos © MHV-Archiv; Text B1 aus einem Interview mit Till Brönner, Playboy 01/2008

Seite 68/69: Lesetexte aus dem Arbeitsblatt *Das Vergessen* von Werner Stangl, www.stangl-taller.at

Seite 70: © fotolia/trialartinf

Seite 71/72: Foto © Christian Kaufmann; Text aus: Martin Suter *Ein perfekter Freund*, Copyright © 2003 Diogenes Verlag AG Zürich

Seite 73: © Heribert Mühldorfer, München

Seite 74: A © Wege gegen das Vergessen, www.wgdv.de, B und D © picture-alliance/dpa; C und E © picture-alliance/akg-images; F © Aktionsprogramm *Jugend für Toleranz und Demokratie - gegen Rechtsextremismus, Fremdenfeindlichkeit und Antisemitismus -* Bundesministerium für Familie, Senioren, Frauen und Jugend/Bundesministerium für Arbeit und Soziales 2001 - 2006"

Seite 78: © MEV; Grafik © 20Minuten Online

Seite 79: von links oben: © panthermedia/Erich T.; © irisblende.de; © fotolia/Franz Pfluegl

Seite 80: A © MHV-Archiv; B © Bildungs- und Wissenschaftszentrum der Bundesfinanzverwaltung, Münster; C © panthermedia/Peter P.; D © panthermedia/Reinhard B.

Seite 82: Text B1 © Hauptzollamt Ulm, Hagen Kohlmann; Foto © Bildungs- und Wissenschaftszentrum der Bundesfinanzverwaltung, Münster

Seite 84: A © picture-alliance/dpa; B © fotolia/Andreas Scholz

Seite 85: oben © panthermedia/Jasper G.; unten © Studilux; Text C3 von Carina Kamps, www.ftd.de, 01.08.2008

Seite 86: A © irisblende.de; B © panthermedia/Peter P.; C © pitopia/Clemens Burger; 1 © panthermedia/Reinhard B.; 2 © panthermedia/Sandra B.; 3 © panthermedia/Steve B.; Texte: links und rechts: aus *Einführung Bionik* von Beate Wilmes unter www.planet-wissen.de, 23.06.2006, Mitte: aus *Bionik - die Natur als Lehrmeister* auf www.br-online.de, 01.03.2007

Seite 92/93: Text *Europa im Diskurs* von der Homepagedes Burgtheaters Wien, www.burgtheater.at, Feststiege, Dr. Faustus, Burgtheater und Pausenfoyer © Georg Soulek/Burgtheater; Deutsches Theater © Freese/drama-berlin.de; Schauspielhaus Zürich © Leonard Zubler; Lusterboden © Reinhard Werner/Burgtheater; Zuschauer © image100/Corbis; Theaterstück mit G von Heinz Erhardt

Seite 94: A © Aron Yhat; B © fotolia/Feng Yu; C © iStockphoto/Terry Lawrence; D © iStockphoto/ Ljupco; E © irisblende.de

Seite 95: oben © Aron Yhat; unten von links: © fotolia/kai-creativ; © fotolia/Eray Haciosmanoglu; © fotolia/ChantalS; © fotolia/Dron

Seite 98: A © iStockphoto/Terry Lawrence; B © Naturpark Blockheide Gmünd-Eibenstein; C © picture-alliance/dpa

Seite 100: A © picture-alliance/dpa; Text C von www.popakademie.de, Popakademie Baden-Württemberg

Seite 102: Foto unten © irisblende.de

Seite 106: von links: © picture-alliance/KPA/Topfoto; © picture-alliance/dpa (2x)

Seite 107: von links oben: © Kai Schütte; picture-alliance/dpa (3x); links unten © Bridgeman Art

Seite 108: A © panthermedia/Robert K.; B © irisblende.de; C © Bildunion/Josef Müllek; D © Shotshop/Tobias Ott

Seite 110: Cover *Diagnose Boreout* und Text © Redline Verlag